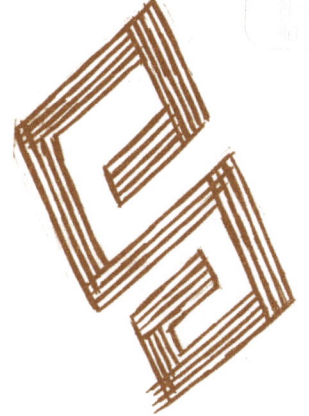

DANIEL MUNDURUKU

O BANQUETE DOS DEUSES

O BANQUETE
DOS DEUSES

global

© Daniel Monteiro Costa, 2006

1ª Edição, Angra, 2000
2ª Edição, Global Editora, São Paulo 2009
4ª Reimpressão, 2022

Jefferson L. Alves – diretor editorial
Flávio Samuel – gerente de produção
Dida Bessana – coordenadora editorial
Alessandra Biral – assistente editorial
João Reynaldo de Paiva – revisão
Mauricio Negro e Luciano Tasso – ilustrações
Mauricio Negro – projeto de capa
Reverson Reis Diniz – editoração eletrônica

Dados Internacionais de Catalogação na Publicação (CIP)
(Câmara Brasileira do Livro, SP, Brasil)

Munduruku, Daniel
    O banquete dos deuses: conversa sobre a origem da cultura
brasileira / Daniel Munduruku; ilustrações Mauricio Negro. –
2. ed. – São Paulo: Global, 2009.

    Bibliografia.
    ISBN 978-85-260-1397-1

    1. Índios da América do Sul – Brasil I. Negro, Mauricio. II. Título.

09-07097   CDD–980.41

Índices para catálogo sistemático:

1. Brasil: Índios: Cultura   980.41
2. Índios: Brasil: Cultura   980.41

Obra atualizada conforme o
NOVO ACORDO ORTOGRÁFICO DA LÍNGUA PORTUGUESA

Global Editora e Distribuidora Ltda.
Rua Pirapitingui, 111 — Liberdade
CEP 01508-020 — São Paulo — SP
Tel.: (11) 3277-7999
e-mail: global@globaleditora.com.br

 globaleditora.com.br   @globaleditora

 /globaleditora   @globaleditora

 /globaleditora   /globaleditora

 blog.grupoeditorialglobal.com.br

 Direitos reservados.
Colabore com a produção científica e cultural.
Proibida a reprodução total ou parcial desta
obra sem a autorização do editor.

Nº de Catálogo: **2877**

*Para Tania Mara,
uma grande companheira e
educadora amorosa de nossos filhos.*

*Para Heloisa Prieto,
minha "Bruxa Madrinha", que me
iniciou nos caminhos da literatura.*

*Para Antonio dos Santos,
amigo pela palavra e pelo silêncio.*

*Para Roseli Fischmann,
orientadora do intelecto e do espírito.*

A educação da cidade ensina as crianças competir. Quando tentamos passar como se dá o aprendizado da criança indígena, sinto que as pessoas se abalam e percebem como se distanciaram do real sentido de educar para a vida e não apenas para o diploma. As escolas ainda ensinam o tema indígena como algo do passado, como algo exótico. Minha principal preocupação é libertar as crianças das cidades da visão preconceituosa. Meus livros falam disso. Minhas palestras, cursos, conferências falam disso. Estou tentando achar um cantinho na cabeça das pessoas para fazê-las entender esta minha gente que tem muito para ensinar.

(Daniel Munduruku, *Jornal Brasil Indígena*,
Companhia Suzano de Papel e Celulose, jul. 2002)

Sumário

Apresentação 11

UM 13
Em busca de uma ancestralidade brasileira
À guisa de introdução

DOIS 19
Quanto custa ser "índio" no Brasil?
As imagens dos povos indígenas no inconsciente e nos livros didáticos

TRÊS 27
O banquete dos deuses
Ou como ser alimento da divindade

QUATRO 35
Esta terra tinha dono
Um pouco da pré-história dos povos indígenas

CINCO 47
A sabedoria indígena por dentro
A filosofia do bem viver

SEIS 55
Educação da criança indígena
Ou deixando que o outro seja

SETE..61
O país sobre um cemitério
Direitos, terra e violência

OITO...69
Educação e valores humanos
Uma fábula para o novo milênio

NOVE...77
Sobre piolhos e outros afagos
Conversa sobre o ato de educar(-se)

DEZ..83
Quinhentos anos de quê?
Uma prece de esperança

ONZE...89
Vozes da tradição
Anexos para fortalecer o espírito

Bibliografia comentada... 99

APRESENTAÇÃO
O banquete dos deuses

Uma viagem pela alma indígena, um diálogo com a esperança: assim se poderia resumir este livro de Daniel Munduruku, *O banquete dos deuses*. Quinhentos anos depois do descobrimento do Brasil, persistem ainda muitos equívocos como se esta terra tivesse passado a existir por obra do conquistador. E mais: o desconhecimento da vida e da cultura dos muitos povos que já habitavam o território tem servido de justificativa para a exclusão dos indígenas. Marcado em seus primórdios pela dizimação de grupos inteiros, esse processo de exclusão continua existindo de outras formas.

Os estereótipos disseminados no imaginário social, as caricaturas veiculadas em programas humorísticos, tudo isso implica processos culturais complexos que repercutem fortemente na educação, tanto na escola quanto na família.

O banquete dos deuses é um valioso subsídio para o melhor entendimento das contribuições culturais das sociedades indígenas, das suas formas de percepção dos ciclos vitais, entre outras temáticas que tocam a identidade do próprio Daniel.

Os pais devem ler este livro para e com os seus filhos, como uma forma de partilhar com eles a compreensão dos povos indígenas haurida diretamente da voz de um de seus representantes.

Os professores, sobretudo do ensino fundamental, encontrarão aqui precioso material para o desenvolvimento de temas interdisciplinares como Ética e Pluralidade Cultural.

Enfim, os jovens em geral, a quem se destina este livro, vão desfrutar este livro como um diálogo real com alguém que, tendo herdado as injustiças cometidas contra o seu povo, ainda assim é capaz de reconciliar-se com este mundo, oferecendo-nos a chance da compreensão e, portanto, como nos ensina Hannah Arendt, igualmente a chance da reconciliação – em nosso caso, com a própria história.

Roseli Fischmann
Professora do Programa de Pós-graduação em Educação da FEUSP.
Professora do mestrado em Educação da Universidade Metodista de São Paulo.
Expert Unesco para a Coalizão contra o Racismo, a Discriminação e a Xenofobia.

UM – Em busca de uma ancestralidade brasileira

À guisa de introdução

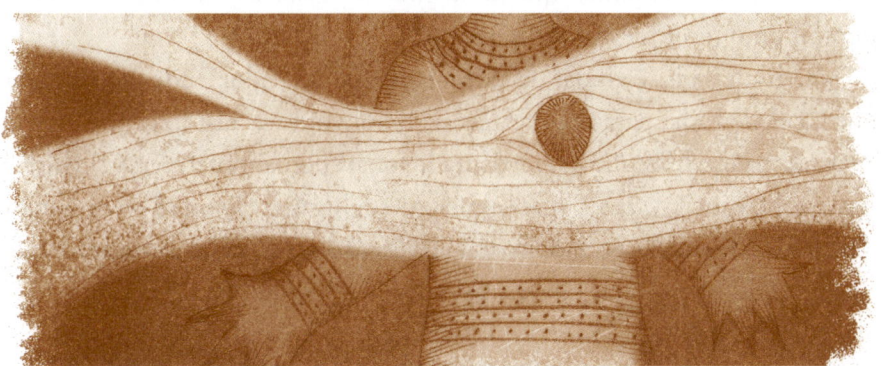

O importante é não estar aqui ou ali, mas SER. E ser é uma ciência feita de pequenas e grandes observações do cotidiano dentro e fora da pessoa. Quando não executamos essas observações, não chegamos a ser; apenas estamos desaparecendo.

Carlos Drummond de Andrade

Nasci índio.* Foi aos poucos, no entanto, que me aceitei índio. Relutei muitas vezes em aceitar essa condição. Tinha vergonha, pois o fato de ser índio estava ligado a uma série de chavões com que muitas pessoas me insultavam: índio é atrasado, é sujo, preguiçoso, malandro, vadio... Eu não me identificava com isso, mas nunca fiz nada para defender minha origem. Carreguei com muita tristeza todos os apelidos que recaíam sobre mim: índio, Juruna, Aritana e Peri, entre outros. E tive de conviver com o que a civilização ocidental tem de pior, que é ignorar quem traz em si o diferente.

---

* Usarei o termo índio apenas neste capítulo. Nos seguintes prefiro a terminação indígena, que é o mesmo que nativo ou natural da terra.

Ainda jovem me vi em crise de identidade. Aceitar minha origem significava abandonar uma série de comportamentos que já tinha introjetado em mim como uma forma de defesa, e eu não tinha muita coragem de fazer isso. Via que as meninas da minha idade se afastavam de mim e, por isso, associei o fato de ser índio à ideia da falta de beleza. Seria eu feio? Achava que sim. De outro modo, como entender que as meninas se afastassem de mim e não tivessem o mínimo interesse em me namorar?

Nas minhas idas e vindas da aldeia para a cidade é que pude ir entendendo o que a cidade tinha para me oferecer. E foi ouvindo as histórias que meu avô contava que percebi o que os povos tradicionais podiam oferecer à cidade. Foi um caminho difícil de fazer, mas o início dessa história chamava-se Apolinário.

Apolinário era o nome do meu avô. Era, porque já faz muito tempo que ele nos deixou e foi morar na nascente do rio Tapajós, lugar para onde vão as almas iluminadas, segundo meu povo. Com ele aprendi a ser índio. É claro que, naquela época, eu não tinha certeza disso, mas desconfio que ele sabia exatamente aonde queria chegar e foi me introduzindo no universo da sabedoria indígena. Hoje sou um saudoso e agradecido neto. O interessante é que muito desse conhecimento ele me passou sem dizer palavra alguma. Ele o fazia no silêncio de sua vida, na perfeita harmonia com que vivia, na serenidade do seu rosto e no seu assentar-se de cócoras, posição em que permanecia horas a fio meditando profundamente. Talvez tenha sido esta a sua primeira grande lição: o silêncio.

Quando o velho Apolinário morreu, eu tinha apenas 12 anos e acompanhei meu pai durante seu velório na aldeia. Naquela ocasião, eu estava em Belém do Pará, onde morava com meus pais e estudava. Fiquei muito triste com a notícia e fiz questão de acompanhar meu pai. Quando cheguei na aldeia, todos estavam muito tristes. Fiquei olhando o rosto sereno do meu avô. Ele já estava bem velhinho. Ao fitar seu rosto, tive a impressão de que também me olhava, entrava em mim para contar-me – talvez lembrar-me – qualquer coisa de que já estava me esquecendo. Foi aí que me lembrei de um fato curioso.

Sempre que eu vinha da cidade para a aldeia, chegava muito agitado, confuso, inquieto. O velho ficava observando meus movimentos de forma muito discreta, não deixando que eu percebesse que ele acompanhava meus modos. Num determinado momento, convidou-me para tomar banho no igarapé que corria perto da aldeia. Fui sem atentar em nada que fosse anormal no comportamento do velho. Ao chegar ao rio, pediu que eu fosse até uma pequena queda-d'água, sentasse numa pedra e observasse todos os movimentos que o rio fazia. Não tinha a menor ideia do que pretendia. Enquanto permaneci ali, ele não se moveu do lugar. Acocorou-se na parte baixa do rio e jogou água sobre seu corpo com as mãos em concha. Vez por outra olhava para mim e apontava para a água como se dissesse que eu também devia olhar para ela.

Passaram-se muitas horas. No final, em vez de estar cansado por ter ficado muito tempo numa posição pouco cômoda, sentia uma estranha paz percorrer meu corpo. Então, meu avô levantou-se e chamou-me, dizendo: "Hoje você aprendeu algo novo. Nunca se deixe levar pelo barulho interior. A gente tem de ser como o rio. Não há empecilho no mundo que o faça sair do seu percurso. Ele caminha lenta mas constantemente. Ninguém consegue apressar o rio. Nunca ninguém vai dizer ao rio que ele deve andar rápido ou parar. Nunca apresse o rio interior. A natureza tem um tempo, e nós devemos seguir o mesmo tempo dela".

Era assim o velho Apolinário. Homem de poucas palavras, mas de sabedoria infinita.

Em outra ocasião, o velho surpreendeu-me com uma coisa tão bonita que fiquei muito impressionado. Na última vez em que fui à aldeia, ele me chamou de lado e, deitado na rede, sussurrou ao meu ouvido: "Existem apenas duas coisas importantes que as pessoas devem saber para viver bem suas vidas: 1) nunca devem se preocupar com as coisas pequenas; 2) todas as coisas são pequenas".

Não é fantástico? E fiquei ainda mais surpreso quando, nas minhas muitas leituras sobre outras culturas, encontrei as mesmas frases sendo pronunciadas pelos velhos sábios de várias delas. Fiquei admirado com o fato de que o velho Apolinário não sabia ler, nunca tinha viajado para outros lugares e, no entanto, era possuidor de uma sabedoria semelhante à dos grandes mestres tradicionais.

Ali, estendido na rede, estava o corpo do homem que me ensinou a ser homem. Com sua morte, ele me fazia nascer para minha própria vida.

É claro que não foi automático do jeito que parece aqui, mas foi o primeiro passo para compreender a mim mesmo no universo. E isso me dá um álibi para usar as narrativas míticas para falar às pessoas com a mesma paixão com que o velho falava comigo. Acho que foi assim que surgiu em mim o interesse de narrar histórias para ajudar as pessoas a olharem para dentro de si mesmas, compreenderem sua própria história e aceitá-la amorosamente.

Uma das coisas que aprendi quando criança é que, por mais insignificantes que possam parecer, todas as pessoas merecem nossa reverência. Na verdade, a gente aprende que não existem coisas insignificantes e que todos os seres vivos fazem parte da grande teia da vida, da qual não somos donos, mas apenas um de seus fios. Entender as coisas e as pessoas desse modo é dar a elas um voto de confiança e acreditar na possibilidade de serem melhores do que são. Para isso, é preciso que elas se descubram dignas. É daí que parto quando conto minhas histórias e as histórias que ouvi da boca do velho Apolinário. Faço que as pessoinhas acreditem que há uma magia por trás das palavras; magia essa que só pode ser capturada por um ouvido interior que escapa à razão. Ninguém pode querer escutar a narrativa da criação do mundo com os ouvidos racionais. É preciso escutá-la com o coração. Se ela conseguir adormecer dentro do coração, quando acordar sairá como história nova, contada a partir do sonho do contador. Penso que é preciso que as pessoas ouçam suas próprias histórias e as recontem, sempre.

Na minha experiência com crianças, adultos, educadores, esotéricos e outros "malucos", fui percebendo que as pessoas adoram biografias. Todo mundo gosta de saber o que o outro já construiu na própria vida, o que fez, como conseguiu ser bem-sucedido, como obteve seus títulos, como viveu sua infância. Todos têm muita curiosidade em descobrir o que leva uma pessoa a escolher o caminho que trilha. Aprendi com isso que uma das maneiras mais agradáveis de falar às pessoas é contar-lhes um pouco da minha história a fim de que possam pensar na própria vida e na forma como ela está sendo construída. Desse modo, penso que poderei levar as pessoas a perceberem que somos a continuação de um fio que se constrói no invisível. Pensem nisto: somos a continuação de um fio que nasceu muito tempo atrás, vindo de outros lugares, iniciado por outras pessoas, completado, remendado, costurado e continuado por nós. De uma forma mais simples, poderíamos dizer que temos uma ancestralidade, um passado, uma tradição que precisa ser continuada, costurada, bricolada todo dia.

Sei que também estou falando para educadores – sejam professores, pais ou mães. Sei que falo para pessoas que querem oferecer a seus educandos e

UM – Em busca de uma ancestralidade brasileira

filhos o melhor de si e de seus conhecimentos. No entanto, ouso perguntar sem pretensão de ser chato: será que nossos educadores conhecem sua ancestralidade? Será que têm conhecimento da história de sua família, sua ascendência? Será que nossos educadores se preocupam em conhecer sua história de vida e ajudam os educandos a conhecerem sua própria história?

Penso nisso sempre que me confronto com uma constatação: entre os índios não existe crise existencial. Paro e me pergunto por quê. Constato de novo que entre os povos indígenas não se criam angústias. As crises nascem da angústia. A angústia nasce da necessidade de escolher. Isso vira um círculo vicioso e o vício torna a vida uma busca insana pela felicidade que, dizem, se encontra no conforto, na fuga da dor, no consumo. O consumo, por sua vez, torna as pessoas egoístas; e o egoísmo traz a solidão; e a solidão, a tristeza; e a tristeza, a falta de motivação, de alegria; e a falta de alegria gera a angústia; e a angústia traz a crise, e esta é provocada pela falta de rituais que deem sentido à existência das pessoas. As pessoas não têm em que se apegar, pois não têm uma tradição, uma ancestralidade.

Aonde quero chegar? Quero chegar ao presente. O indígena não tem crise existencial porque vive o presente, sem esquecer o passado e sem desejar o futuro. Ouvi do meu sábio avô mais esta máxima: se o momento atual não fosse bom não teria o nome de presente. Querem coisa mais sábia? O nosso grande presente, o presente que a vida nos proporciona é justamente o agora. Entre os índios Munduruku e outros que conheci, toda vez que se recebe um presente, ele é usado na mesma hora. E sabem por quê? Porque presente não se usa no futuro. Mas o presente é vívido e empolgante quando está estruturado, alicerçado por toda a teia da vida e da ancestralidade de uma pessoa ou grupo de pessoas. É aí que reside a força da tradição indígena, da família indígena, da educação indígena.

Tenho percebido que as escolas vivem um grande dilema na educação de seus alunos. A instituição acabou assumindo um papel que antes cabia à família. Escola – ao menos como a entendo – nunca foi um lugar para educar crianças e jovens. Ela sempre foi um lugar onde se passa o conhecimento da tradição ocidental, um conhecimento científico que pode ser aprendido e, depois, ampliado. Já a educação cabe à família. Educar é incutir valores nas pessoas. Valores são atributos de pessoas, não de instituições. Pessoas vivem valores e porque os vivem é que eles podem ser observados e apreendidos. Se os pais são pessoas que vivem valores, certamente os filhos também os viverão e assumirão um comportamento adequado. E quando os pais não os têm? O problema é transferido para a instituição escolar. Isso assusta os educadores, não é verdade? Assusta por dois motivos: 1) porque os educadores passam a ser um referencial para o crescimento pessoal do aluno, e 2) porque têm de conviver, muitas vezes, com o descaso dos pais e com o enfrentamento de uma realidade para a qual os próprios educadores não estão preparados.

Algumas escolas tentam resolver esse problema criando disciplinas que ensinem valores humanos aos alunos. Há escolas que estão tentando descobrir um jeito de substituir os pais no processo educativo. Isso é um sintoma de que a sociedade ocidental não anda bem.

Uma solução é fazer que os alunos busquem sua ancestralidade. Quando a gente se percebe continuador de uma história, nossa responsabilidade cresce e o respeito pela história do outro também. É preciso trazer a figura dos antepassados para dentro da escola. Trazer suas histórias, seus comprometimentos, suas angústias, sua humanidade. É preciso fazer com que nossas crianças possam buscar a riqueza dos ancestrais, dos avós, dos bisavós. É preciso abrir espaço na escola para que o velho avô venha contar histórias que ouvia na sua época de criança e ensine e cante as cantigas de roda que sabe de cor. Tudo isso não com saudade do tempo que já se foi, mas para dar sentido ao presente, para trazer a emoção de ter vivido um tempo que muito pode ensinar aos jovens de hoje. Tenho certeza de que essa solução dará um ânimo novo aos educadores e renovará o sentido de família, de pertencimento a um grupo, a um povo, a uma nação. É o que eu sentia quando ouvia as histórias de meu avô: elas me fizeram superar minhas crises de identidade e compreender as coisas que são importantes para meu povo. Talvez isso crie uma nova identidade para o povo brasileiro e o ajude a descobrir a semente de suas origens ancestrais, fazendo-o superar a crise instalada em seu meio nestes primeiros quinhentos e tantos anos do nome Brasil.

DOIS – Quanto custa ser "índio" no Brasil?

As imagens dos povos indígenas no inconsciente e nos livros didáticos

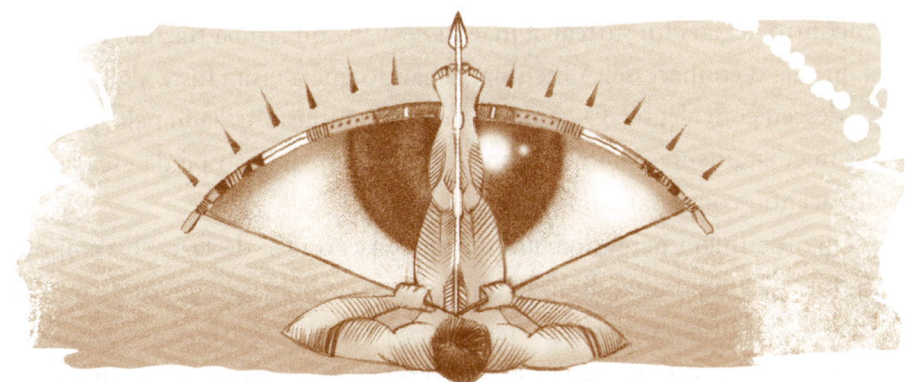

*Quando o português chegou
debaixo duma bruta chuva
vestiu o índio.
Que pena!
Fosse uma manhã de sol
O índio tinha
Despido o português.*

Oswald de Andrade

Certa ocasião fui procurado por uma senhora. Ela estava desesperada porque a filha não conseguia sequer ouvir falar de "índio" que ficava apavorada, ameaçava abrir um berreiro. Tudo porque a menina tinha ouvido dizer que os "índios" eram ferozes, selvagens, comedores de gente. Uma professora dela chegou a levar para a sala de aula algumas gravuras do século XVI, em que apareciam tupinambás banqueteando-se de pernas e braços assados na fogueira. A mãe já tinha tentado de tudo para que a filha tirasse aquela ideia da cabeça. A menina, de 7 anos, não podia nem ouvir falar desse assunto, que já ameaçava abrir um baita berreiro. A mãe tinha ouvido falar do meu trabalho com crianças e resolveu, como última tentativa, levar-me até sua casa.

No dia marcado, fiquei pensando sobre como enfrentar aquela situação tão inusitada para mim. Imaginei que poderia chegar e brincar um pouco com a menina e sentir o que, de fato, ela havia criado como imagem. No momento do encontro, a cena foi surreal: a mãe dissera-lhe que tinha trazido um amigo para que ela o conhecesse. A menina, achando que a visita fosse alguém "normal", desceu com alegria. Quando percebeu o embuste armado pela mãe, quis voltar imediatamente para o quarto, mas foi impedida ao pé da escada. Ela, então, aceitou conversar comigo.

Logo de início perguntei sobre o que ela gostava de fazer. Estranhou a pergunta, mas respondeu dizendo que gostava de bonecas e jogos de montar. Deixei escapar uma surpresa pela resposta e pedi que fosse buscar o Lego para ajudá-la montar. A partir daí, nossa conversa avançou bastante, até que pudemos construir uma aldeia indígena com todas as coisas imagináveis, deixando sempre que ela externasse, por meio do jogo, seu modo de ver as populações indígenas. Com esse expediente, pude constatar que por trás do "medo de índio" estava a fala da escola e da professora: esta tinha apresentado apenas os aspectos negativos das populações indígenas, diferentemente do que a gente tinha conversado ali. Não preciso dizer que aproveitei o momento para tirar da cabeça dela as ideias que lhe tinham sido incutidas. Felizmente ela entendeu... e viu que eu era gente também.

Já descrevi em outro livro como as pessoas costumam me abordar quando me veem andando pelas ruas da cidade. Muitas delas partem do princípio de que sou japonês ou chileno e, só depois, índio. Ou seja, elas partem do que pensam ser o mais importante, mais inteligente, mais culto, até chegarem ao nativo. O interessante é que depois de me identificar como índio, elas também passam a se dizer descendentes "dos bugres legítimos". Acho isso intrigante, num primeiro momento. As pessoas sabem que os índios são "os verdadeiros donos da terra" e conseguem até se identificar com sua cultura, mas não assumem sua indianidade logo de início, talvez por ainda pensarem no nativo como sinônimo de selvagem. Nelas está incutida uma imagem que, na verdade, foi sendo construída aos poucos.

Parte dessa imagem é construída com a ajuda de conceitos que, muitas vezes, descaracterizam o outro como possuidor de interesses próprios, vida própria, cultura própria. Como exemplo de meio transmissor desses tipos de conceitos, podemos citar o livro didático e sua construção pela sociedade. Isso vale também para as apostilas que são fartamente adotadas, sobretudo nas escolas particulares com propósitos econômicos.

Os manuais didáticos, em sua maioria, ajudam a formar uma visão distorcida sobre os índios, pois trazem uma imagem estereotipada: os nativos são sempre apresentados como seres que vivem nus, nas matas, habitando em ocas ou tabas e que cultuam diversos deuses, entre os quais Tupã. O que esse tipo de informação pode gerar? Normalmente gera sentimentos equivocados, preconceitos e, por conseguinte, um comportamento discriminatório, típico de pessoas que têm opinião arbitrária sobre um grupo ou pessoa que se destaca pela diversidade cultural.

Talvez alguém queira nos perguntar: O que é preconceito? As pessoas são preconceituosas naturalmente? Faz parte da constituição da pessoa humana?

Antes de uma resposta teremos que considerar que a humanidade é composta por uma diversidade muito grande de grupos humanos. Cada povo elabora uma maneira própria de ler a realidade e cria um simbolismo todo próprio para lidar com essa visão. Não é muito difícil encontrar povos que consideram sua leitura a mais correta, com base nos próprios pressupostos. Sob esse aspecto, podemos perceber que algumas sociedades conseguiram um desenvolvimento superior ao de outras no que diz respeito à tecnologia (desde que entendamos o termo no sentido ocidental). Desse ponto de vista, toda sociedade que analisa uma outra tomando por base os próprios pressupostos tende a ser etnocêntrica. Esse etnocentrismo, no entanto, é compreensível dentro do contexto de autoafirmação em que um povo vive, orgulho de ser o que é.

Por outro lado, se toda sociedade está sujeita a uma leitura etnocêntrica das outras sociedades, o mesmo não pode ser estendido ao indivíduo. O indivíduo aprende a comportar-se de determinada maneira pela força da educação. Se a sociedade a que pertence engendra no indivíduo ideias que permitam uma leitura unilateral de outra sociedade, fatalmente ele crescerá tendo seus pressupostos teóricos e sua visão de mundo como determinantes na avaliação dos outros povos. Isso é "olhar o outro com olhos acríticos a favor do próprio grupo e desenvolver uma visão distorcida e preconceituosa com relação aos demais", como bem definiu Norma Telles.

Aqui fica claro para os pais que a escolha que fazem da escola dos filhos é, por isso mesmo, uma escolha ideológica. As linhas pedagógicas em que estão assentadas as instituições de ensino primam pela escolha de um modelo de comportamento para os educandos. Nesse sentido, a escola agirá de acordo com o modelo adotado. Note-se, no entanto, que já houve um avanço nas linhas de atuação das escolas, graças às mudanças estruturais que estão ocorrendo nos últimos anos. Antes, porém, de nos atermos ao presente, pensemos no que ocorria no Brasil algumas décadas atrás.

Durante os anos 1960, o pensamento político já concebia a escola como um aparelho ideológico usado pelo Estado para passar aos educandos uma visão de mundo baseada no modelo que o próprio Estado queria de si mesmo. Era, então, o espelho usado pelos governantes a fim de criar uma autoimagem para a sociedade.

Sabe-se a olhos vistos que é na escola que a criança e o adolescente apreendem as regras sociais, os comportamentos desejados. É ali, também, que formamos a imagem do mundo, que aprendemos sobre nós mesmos, nosso corpo, nossa mente, nossa geografia e nossa história. É também a escola que forma nossos preconceitos e nossas ideias distorcidas em relação a outras culturas.

Se na escola tivermos referências positivas sobre outras culturas, certamente desenvolveremos ideias positivas dessas culturas. Se, ao contrário, nos forem passadas informações negativas, fatalmente cresceremos com imagens negativas, preconceituosas e discriminatórias com relação ao outro.

Na formação dessas imagens, o professor desempenha um papel fundamental, pois ele será o mediador do conhecimento. Infelizmente, no momento histórico que estamos retratando, o livro didático quase ocupou esse papel, assumindo por vezes a função de dono da verdade. Ao educador restavam, assim, poucas chances de mostrar uma outra realidade acontecendo.

Como o livro didático tratava o índio?

Imaginem a história do Brasil durante o regime militar já na década de 1970. A perseguição aos adversários políticos do regime, a copa de 1970, o hino com o seguinte verso: "Este é um país que vai pra frente". Imaginem o governo organizando expedições para abrir fronteiras no Centro-Oeste brasileiro em nome do "milagre econômico". Imaginem que essas expedições estão encontrando "selvagens" pelo meio do caminho e têm, ainda assim, que continuar abrindo estradas mesmo que para isso precisem destruir povos inteiros de indígenas, considerados empecilhos para o progresso. Agora, imaginem o que está ocorrendo nas escolas no mesmo momento e o que estamos estudando (eu fui um desses estudantes) nos livros didáticos de História do Brasil. Qual é o conhecimento que nos está sendo passado?

Grosso modo, aprendemos nos livros que o "índio" vive em função do colonizador e é tratado sempre no passado, não lhe restando nenhum papel relevante na sociedade contemporânea. Ou seja: apresentam uma visão simplista sobre os habitantes da América, considerando-os povos sem história, sem escrita, negando *portanto* seus traços culturais. Isso induzia o educando a considerar positiva a conquista e o extermínio do índio pelo colonizador. Além disso, nesses livros não se apresentavam a diversidade cultural e linguística dos povos autóctones, passando a imagem de uma igualdade fictícia.

A nossa amiguinha do início dessa conversa disse ter sido mostrado a ela imagens dos Tupinambá banqueteando-se de carne humana, num ritual antropofágico. Obviamente, mostrado fora do contexto histórico, semelhante quadro vai causar horror a uma criança de 7 ou 8 anos. Imaginem, então, mostrar aos pequenos leitores documentos históricos descontextualizados. Qual não terá sido a reação deles?

Veremos adiante que a presença humana em nosso continente é muito antiga, perfazendo quase 50 mil anos. No entanto, esse fato não era levado em consideração pelos autores de livros didáticos, que se acomodavam diante dos novos conhecimentos obtidos pela Antropologia ou pela História. Prefeririam adotar o modelo teórico do evolucionismo cultural ou social, segundo o qual o mundo passa por estágios evolutivos em que os povos indígenas representam o início e a sociedade europeia – é claro! – representa o fim. Ou seja: do estágio primitivo ao tecnológico. Sendo empregado esse modelo, é compreensível que os livros limitassem tanto a ação dos povos pré-colombianos, dando maior espaço aos feitos e conquistas das frotas europeias em nossa terra! Eles (os europeus) acabam sendo considerados os modelos de colonização, pois livram os índios de seu atraso tecnológico e os colocam num novo patamar de conhecimento.

Vai nessa mesma direção a história do "descobrimento" do Brasil. Aliás, é muito bom pensarmos sobre os 500 e tantos anos. "Comemorar" 500 e tantos anos de Brasil não seria incorrer nos mesmos erros dos europeus, de negarem a história de mais de 200 povos que somam milhares de anos?

Se quisermos pensar no "descobrimento", temos de negar a história dos que são nativos de nossa terra. O termo "descobrimento" relaciona-se com a Europa e com todas as razões da colonização. Guarda silêncio sobre os fatores que levaram a Europa a explorar o Novo Mundo. Silencia a respeito dos conflitos entre portugueses e nativos e dos objetivos da colonização, baseados na expropriação territorial, na escravização e na destribalização.

Ao "descobrir", os manuais não se veem obrigados a explicar os desmandos de Portugal com relação aos índios e ao etnocídio que praticou.

Ao "descobrir", encobre-se um juízo de valor sobre a historicidade dos povos que aqui viviam.

Ao "descobrir", é mais cômodo chamar os índios de ferozes e destruí-los como inimigos dos "nobres" valores europeus.

Ao "descobrir", fica mais fácil deixar de falar nos atos de resistência dos povos indígenas contra o governo português.

Nessa "descoberta", ao mencionar os índios, os livros didáticos introduzem-nos sempre como seres inferiores, citando a ausência de história, a pouca inventividade tecnológica ou, ainda, aspectos exóticos para criar o sentimento de repulsa nos educandos. Além disso, tal atitude legitima a agressão europeia, que é sempre vista como benéfica e civilizadora.

Vale lembrar, mais uma vez, que essa visão perdurou por muito tempo nos livros didáticos e que só agora começa a mudar, com outras reestruturações educacionais que estão acontecendo. É verdade que isso ainda caminha a passos de tartaruga, mas já caracteriza uma mudança na atitude e, em parte, na mentalidade de nossas crianças. De qualquer forma, todas as modificações só serão sentidas nas próximas gerações, quando todas as escolas – e suas ideologias – estiverem configuradas para acolher a diferença, seja social (pobres e ricos), seja étnica. Ainda custa muito caro ser diferente no Brasil neoliberal em decorrência do modelo econômico alienígena adotado.

Penso que cabe aos pais e educadores certa vigilância sobre o que e como os filhos aprendem na escola. Os filhos não são a imagem dos pais, e sim da escola. É na escola que os filhos passam a maior parte do tempo, especialmente nos dias de hoje, em que a tarefa da manutenção da casa recai sobre ambos os pais, o que impossibilita a eles maior participação na vida escolar dos filhos. Por isso, penso que cabe aos pais escolherem a escola dos filhos, pois têm maturidade para perceber o perfil das instituições de ensino que melhor se conformem com os valores que consideram importantes para os filhos.

Para finalizar este capítulo, gostaria de transcrever uma das crônicas que publiquei no livro *Histórias de índio*, de 1996.

É ÍNDIO OU NÃO É ÍNDIO?

Certa feita tomei o metrô até a praça da Sé. Eram os primeiros dias que estava em São Paulo e gostava de andar de metrô e ônibus. Tinha um gosto especial em mostrar-me para sentir a reação das pessoas quando me viam passar. Queria poder ter a certeza de que as pessoas me identificavam como índio a fim de formar minha autoimagem.

Nessa ocasião a que me refiro, ouvi o seguinte diálogo entre duas senhoras que me olharam de cima a baixo quando entrei no metrô:

– Você viu aquele moço que entrou no metrô? Parece que é índio – disse a primeira senhora.

– É, parece. Mas eu não tenho tanta certeza assim. Viu que ele usa calça jeans? Não é possível que ele seja índio usando roupa de branco. Acho que não é índio de verdade – retrucou a segunda senhora.

– É, pode ser. Mas você viu o cabelo dele? É lisinho, lisinho. Só índio tem cabelo assim, desse jeito. Acho que ele é índio, sim – defendeu-me a primeira.

– Sei não. Você viu que ele usa relógio? Índio vê a hora olhando para o tempo. O relógio do índio é o sol, a lua, as estrelas... Não é possível que ele seja índio – argumentou a outra.

– Mas ele tem o olho puxado – disse a primeira senhora.

– E também usa sapatos e camisa – ironizou a segunda.

– Mas tem as maçãs do rosto muito salientes. Só os índios têm rosto desse jeito. Não, ele não nega. Só pode ser um índio, e parece ser dos puros.

– Não acredito. Não existem mais índios puros – afirmou cheia de sabedoria a segunda senhora. – Afinal, o que um índio estaria fazendo andando de metrô?

O banquete dos deuses

Índio de verdade mora na floresta, carrega arco e flecha, caça, pesca e planta mandioca. Acho que não é índio coisa nenhuma...

– Você viu o colar que ele está usando? Parece que é de dentes. Será que é de dentes de gente?

– De repente até é. Ouvi dizer que ainda existem índios que comem gente – medrou a segunda senhora.

– Você não disse que não achava que ele era índio? Por que está com medo?

– Por via das dúvidas...

– O que você acha de falarmos com ele?

– E se ele não gostar?

– Paciência... Ao menos nós teremos as informações mais precisas, você não acha?

– É, eu acho, mas confesso que não tenho muita coragem de iniciar um diálogo com ele. Você pergunta? – Isto dito pela segunda senhora que, a esta altura, já se mostrava um tanto constrangida.

– Eu pergunto.

Eu estava ouvindo a conversa de costas para as duas e de vez em quando ria com vontade. De repente, senti um leve toque de dedos. Virei-me. Infelizmente, elas demoraram a chamar-me. Meu ponto de desembarque estava chegando. Olhei para elas, sorri e disse:

– Sim!

TRÊS – O banquete dos deuses

Ou como ser o alimento da divindade

Os pirahã reconhecem sua maneira particular de atuar no mundo sem deixar vestígios de sua passagem.
Marco Antonio Gonçalves, *O significado do nome*

Dizem os antigos que tudo é uma coisa só, tudo está em ligação com tudo, e que nada escapa à trama da vida. Segundo o conhecimento tradicional, cada coisa existente – seja ela uma pedra, uma árvore, um rio ou um ser humano – é possuidora de um espírito que a anima e a mantém viva e nada escapa disso. Dizem ainda que é preciso reverenciar a Terra como uma grande mãe que nos alimenta e acolhe e que ninguém foge ao seu destino.

Lembro, para reforçar a tradição, o que o velho chefe Seatle dizia no século XIX: "O homem não tramou o tecido da vida; ele é simplesmente um de seus fios. Tudo o que fizer ao tecido fará a si mesmo."

Recordo também o que o velho Apolinário receitava quando queria reforçar nas crianças a necessidade de se voltarem para a Tradição. Com os olhos inflamados por um estranho estado de êxtase, recomendava: "Se vocês quiserem saber como foi o começo de tudo, perguntem ao nosso irmão mais velho, o fogo; se quiserem entender onde mora a alegria, pergunte à água cristalina, pois ela vem da fonte da alegria; querendo saber as notícias dos espíritos, questionem o irmão vento, pois ele vem de longe; se querem saber qual foi o som da criação, pergunte à Mãe Terra, pois ela tudo gerou."

As sociedades tradicionais são filhas da memória e a memória é a base do equilíbrio das tradições. A memória liga os fatos entre si e proporciona a compreensão do todo. Para compreender a sociedade tradicional indígena é preciso entender o papel da memória na organização da trama da vida.

É comum as pessoas se perguntarem sobre o que é a vida para um povo indígena e eu já me atrevi a dizer que o nativo não faz esse tipo de questionamento. As conjecturas trazem consigo a angústia. No pensar de um povo existe o presente e tudo o que o presente acarreta como custo e benefício. O presente, no entanto, está atrelado ao passado. Não a um passado físico, mas a um passado memorial, dos feitos dos criadores, dos heróis e do início dos tempos. Esta memória é reinventada no cotidiano para que todos possam caminhar conforme os ensinamentos, as regras de conduta e os valores individuais e sociais que regem a sociedade. Viver é, portanto, ter os pés assentados no agora e o pensamento e o coração amarrados na Tradição, sabendo, inclusive, que nossa permanência na Terra é uma dádiva, um "presente". A vida é, assim, um momento de passagem para o encontro com o Grande Espírito. No entanto, de modo algum é uma passagem tranquila. Ao contrário, a vida precisa harmonizar-se cada vez mais com os espíritos que habitam as florestas e os rios e o ser humano tem de desenvolver uma relação de respeito para com eles a fim de, ao morrer, ser aceito e ajudado por eles. Precisa obedecê-los para não ser acometido das doenças que são capazes de lançar sobre os desobedientes. Esse respeito é desenvolvido pela obediência às regras sociais que a comunidade criou para caminhar pelas sendas humanas com tranquilidade e sem maiores perturbações. Desobedecer às regras é desobedecer aos inspiradores delas; desobedecer às regras é cair em desgraça pessoal, social e espiritual.

É certo que a pergunta sobre o que é vida vem atrelada a muitas outras questões, sendo a mais relevante a de quem somos nós e de qual é o papel que cada um tem de realizar nesta nossa passagem. Vou correr o risco de dar uma

TRÊS – O banquete dos deuses

resposta geral, sem receio de ser infiel à diversidade cultural e linguística que existe em nosso país, assunto em que tocaremos mais adiante. Peço que leiam cada linha desta nossa conversa, deixando o coração ser levado pelo sentido de pertencimento à grande teia da vida – da qual você e eu somos fios.

Os povos indígenas têm uma coisa em comum: uma mensagem de amor pela Mãe Terra, de apego às raízes ancestrais transmitidas pelos rituais; um profundo respeito pela natureza, buscando caminhar com ela por meio de um conhecimento das propriedades que nos oferece e com as quais sustenta cada povo, como uma mãe amorosa que sempre alimenta seus filhos.

Todo o aprendizado de respeito à natureza é transmitido desde o nascimento. A criança vai sendo introduzida no convívio social ao longo dos momentos marcantes do seu processo de crescimento. Até mesmo no ato de ouvir uma história narrada por um velho da aldeia, a criança está aprendendo como deve ser o seu relacionamento com a natureza e que, em tempos imemoriais, eram os animais, as plantas, os peixes, as árvores e as aves que mandavam no mundo e até no homem. Assim, por esses momentos ricos de significado, o pequeno e a pequena, o jovem rapaz ou a menina-moça, vão aprendendo a conviver no ambiente que os cerca. Vão aprendendo que não devem mandar na natureza, mas conviver com ela, pedindo que lhes ensine toda a sua sabedoria e que possam ser alimentados material e espiritualmente pela Grande Mãe.

Junto com os rituais de passagem que marcam uma mudança na vida social das pessoas, os povos indígenas desenvolvem toda uma visão filosófica da natureza, alicerçada em suas crenças pessoais, que servem de base para a criação de regras sociais, políticas e religiosas que, por sua vez, dão sentido à existência física e cultural desses povos.

Sem querer esgotar o assunto, gostaria de lembrar alguns dos aspectos definidores de uma concepção da vida baseada no respeito e reverência à sacralidade de nossa Mãe Terra:

1) Terra como mãe: A tradição ancestral nos apresenta a Terra como o ventre de que nós saímos, o solo do qual nos alimentamos e o coração a que retornaremos e em qual encontraremos os entes queridos que conosco conviveram durante sua passagem pela Terra. Por isso, ela é sagrada. Por isso, os indígenas amam a Terra e a defendem. Nela estão contidas as raízes da cultura, do eterno retorno do mesmo. Esses princípios estão fundados nas narrativas míticas em que o real e o fantástico andam de mãos dadas; em que ser e não-ser fazem parte da mesma estrutura; em que o bem e o mal têm os mesmos poderes. Narrativas vivas, fundadoras de uma postura moral, ética, estética, social. Lá, onde o divino se encontra com o humano, está a base de uma sociedade que tem a Terra como mãe. Talvez isso tenha criado nas pessoas a falsa ideia de panteísmo indígena, fazendo-os crer que os "índios" eram adoradores do Sol e da Lua ou de qualquer outro elemento da natureza.

Cá entre nós: Será que não se deve olhar a grandiosidade desses dois astros, das estrelas e dos planetas, das árvores e dos pássaros, dos rios e dos mares com admiração e a sabedoria de nos acharmos pequenos? Que mal há em crer que todas as coisas são a manifestação da sabedoria divina? Pode-se contemplar todas essas coisas criadas e ficar indiferente?

Essa relação com a Terra não é nova. Ela já atravessa milênios e alguns registros dessa sabedoria foram colhidos pelos viajantes e missionários ao longo desses quinhentos e tantos anos da história ocidental no Brasil. Ocorre-me no momento, a narrativa feita pelo missionário calvinista Jean de Léry, no século XVI. Talvez vocês já conheçam, porém acho que vale a pena resumi-la aqui para ilustrar o que acabei de dizer.

Esse missionário narra um diálogo que manteve com um velho tupinambá abismado pela obstinação dos franceses em extrair pau-brasil e levá-lo para Europa. Acompanhem o diálogo:

– *Por que vocês, mair e peró, vêm buscar lenha de tão longe para se aquecer? Vocês não têm madeira em sua terra?*

Respondi que tínhamos muita, mas não daquela qualidade, e que não a queimávamos, como ele pensava, mas dela tirávamos tinta para tingir.

– *E vocês precisam de muita?* – *perguntou o velho imediatamente.*

– *Sim* – *respondi* –, *pois em nosso país existem negociantes que possuem panos, facas, tesouras, espelhos e outras mercadorias que vocês nem imaginam e um só deles compra todo o pau-brasil que vocês têm, voltando com muitos navios carregados.*

– *Ah!* – *retrucou o selvagem* –, *mas esse homem tão rico, de que me fala, não morre?*

— Sim — disse eu —, como os outros.

— E quando morre, para quem fica o que deixa?

— Para seus filhos, se ele os tem, ou para seus irmãos ou parentes próximos — respondi.

— Na verdade — continuou o velho (que, como se vê, não era nenhum ignorante) —, vejo que vocês, mair, são uns grandes loucos, pois atravessaram o mar e sofrem grandes problemas, como dizem quando aqui chegam. E, no fim, trabalham tanto para amontoar riquezas para seus filhos e parentes. A terra que os alimentou não será capaz de alimentá-los também? Temos pais, mães e filhos a quem amamos. Mas estamos certos de que, depois de nossa morte, a terra que nos sustentou os sustentará também e, por isso, descansamos sem maiores preocupações.

2) Ser humano, mesmo caminho: Fazemos parte da natureza. Se a natureza evolui para seu criador, o que se dirá do ser humano? Só há uma coisa a ser dita: se a natureza faz o seu caminho evolutivo, dele o homem não escapará, pois um depende do outro. O humano faz parte da teia da vida, que é composta por todos os seres vivos do nosso planeta.

Na tradição do meu povo, há um ensinamento que diz que todas as coisas merecem reverência por serem uma manifestação da criação, inclusive o homem. Quando dançamos em círculo, quando batemos nossos pés no chão estamos reconstruindo o som da criação recriando o mundo repetindo o gesto divino de criar, no presente, a eternidade. Essa é a importância da presença humana no planeta. Somos todos criadores do novo tempo, do presente e do eterno e fazemos isso com todos os seres vivos. Sem a reverência ao ser humano, a teia da vida estará incompleta.

3) O mundo tem uma alma: Tenho certeza de que nessa afirmação reside a mais exata explicação do porquê de o indígena viver em harmonia com a natureza e também de que só assim é possível entender o que o leva a reverenciar a natureza com seus cantos, suas preces, seu respeito. É sob essa ótica que eu compreendo a fala de meu avô, quando dizia que era preciso andar sobre a terra com os pés suaves, fazendo carinho nela, aprendendo com ela, ou, os momentos de danças rituais, em que queremos fazer a terra cantar conosco ao som dos nossos pés, invocar o som imemorial escondido no coração do mundo. Como seria possível imaginar nossos velhos nos pedindo para ouvir o murmurar do rio e aprender com ele os caminhos da paciência, se o rio não tivesse uma voz, um coração e uma alma? O que pensar quando nossa tradição nos diz que devemos ouvir as histórias que o irmão fogo tem para nos contar? Ou sobre os ventos que trazem histórias e notícias de outros lugares?

4) Gratidão à Mãe Terra: Novamente a tradição indígena nos lembra que é preciso ser grato à Mãe Terra por tudo o que ela nos oferece. É preciso sempre oferecer a ela o que ela nos oferece e com o mesmo carinho e o mesmo amor. É por causa dessa postura de gratidão que os indígenas dançam e cantam, se enfeitam e se pintam em todos os momentos de sua vida: para imitar a beleza da natureza expressa em seus seres vivos e na alma deles. É uma gratidão permeada pela crença de que a vida é oferecida como dádiva da natureza e como tal deve ser vivida.

Por isso tudo, somos o "banquete dos deuses". Eles se alimentam da nossa reverência, acompanhada dos sons de nossos maracás, de nossa sensibilidade pelos caminhos da Mãe Terra, de nossas crenças. Nossa mãe Terra sabe que andamos desprezando seus recados para tratá-la com mais dignidade e tem mostrado todo seu poder, provocado chuvas, derretimento de geleiras inteiras, aumentando o nível das águas dos oceanos. Estamos deixando de praticar nosso sentido de pertencimento. É mais um alerta, um aviso, um chamado à nossa consciência. E não fez mais porque nossa Mãe Terra sabe que há muitos pajés que estão chacoalhando o maracá para manter o seu equilíbrio; que estão cantando cantigas sagradas que agradam aos deuses. E não são apenas os pajés indígenas, não. São todos aqueles homens e mulheres que vivem nos quatro cantos do planeta e acreditam na possibilidade de viver em paz. São os educadores que incutem valores humanos nos educandos. São os pais que criam os filhos com e para a liberdade. São os monges que rezam em silêncio. Enfim, são as pessoas que têm clareza de que são parte da grande teia da vida.

A partir desses princípios, como é possível educar as crianças que vivem nas cidades, que lidam com a alta tecnologia, que moram em prédios de apartamentos?

Eu responderia com uma única afirmação: É preciso redirecionar o olhar delas. É preciso mudar a visão que têm sobre a Terra, sobre a natureza. É

TRÊS – O banquete dos deuses

preciso ensinar que a Terra é sagrada e que, por isso, deve ser reverenciada como uma irmã mais velha, nossa provedora. É preciso que as crianças da cidade descubram o prazer de ouvir as histórias dos antigos, permitindo que desenvolvam respeito e orgulho pelos seus antepassados. É preciso ensinar a elas o gosto pelo silêncio e pela contemplação das coisas criadas; ensiná-las acolher as gotas da chuva que alimentam a terra e a sentir o frescor do vento, a andar descalças pela terra sentindo a energia que emana da natureza. É preciso ensiná-las a gratidão por se viver num planeta tão bonito e ajudá-las a compreender seu papel na manutenção dessa beleza.

Agradecer é tão fácil. Reverenciar é tão simples. Basta dizer uma palavra de gratidão; basta andar descalço; basta contemplar as estrelas numa noite de luar ou regar uma plantinha esquecida no vaso; basta caminhar pela natureza atentamente ou silenciar diante do mistério que nos cerca. Há tantos modos! Cada educador tem de descobrir o seu, praticá-lo e logo será seguido em sua atitude por essas pessoinhas ávidas de vida e beleza.

Sobretudo, é importante tratar os educandos com reverência, sabendo que eles são parte do Todo e não esquecendo nunca que se os educadores – pais e professores – só oferecerem asfalto a seus filhos ou educandos, será apenas isso que eles reconhecerão e quando encontrarem parques e quintais ficarão intranquilos. Aí então não adiantará se queixar se eles resolverem asfaltar todas as florestas do Brasil.

O homem branco, na sua insensibilidade à natureza, tem dessacralizado a face da Mãe Terra. A capacidade tecnológica do homem branco é resultado da falta de consideração pelo caminho espiritual e pelo modo de ser das coisas vivas. Seu desejo de poder e de riquezas materiais impede-o de ver a dor que está causando à Mãe Terra ao buscar aquilo que chama de recursos naturais. O caminho do Grande Espírito tornou-se difícil de perceber para a maioria dos homens, mesmo para muitos índios que preferem seguir o caminho do homem branco.

Trecho da carta dos líderes Hopi ao presidente Nixon, em 1970.

QUATRO – Esta terra tinha dono

Um pouco da pré-história dos povos indígenas

Emeko Sulãn, o criador do mundo, começou a dividir os homens, conforme eles iam saindo de um grande buraco, do fundo da terra.

Cada um saía acompanhado de sua mulher, formando uma fila.

O primeiro que saiu foi o chefe dos Tukano, Doé Tiró. Seu nome significa traíra, cabeça chata.

Em segundo lugar, saiu Emeko Bolká.

O terceiro a vir à superfície foi o pai dos Piratapuia.

O quarto foi o pai dos Suriana.

O quinto foi o pai dos Baniwa. Este saiu com o arco e flecha e logo puxou o arco para experimentá-lo. Por isso os Baniwa são guerreiros.

O sexto a sair foi o pai dos Maku.

Para todas esses povos, Emeko disse: "Dou a vocês o bem-estar e as riquezas de que vocês precisam". Dizendo isso, dava o poder de serem pacíficos, de fazer grandes festas com danças, reunindo muita gente, de conviver bem com todos e de não guerrear. Tanto é assim que os antigos nunca fizeram guerra.

O sétimo a sair foi o homem branco, com espingarda na mão. Então Emeko lhe disse: "Você é o último. Dei aos primeiros todos os bens que eu tinha.

> *Como você é o último, deve ser uma pessoa sem medo. Você deverá fazer guerra para tirar a riqueza dos outros. Com isso conseguirá muito dinheiro".*
>
> *Quando Emeko acabou de dizer isso, o primeiro branco virou as costas, deu o primeiro tiro com a espingarda e foi para o sul. Chegou em São Gabriel e ali mesmo fez a primeira guerra.*

Essa é a origem do homem como é contada pelos Dessana, povo indígena que fala a língua tukano e que vive no Alto Rio Negro, no Amazonas. Pode-se perceber alguns elementos que nos ajudam em nossa reflexão sobre a história dos povos indígenas antes da chegada dos europeus.

É comum as pessoas afirmarem que os "índios" foram os primeiros donos da terra. Como terá isso acontecido? De onde vieram?

Apenas perguntas que exigem alguma resposta para que as pessoas possam entender melhor nossa gente. Nelas residem o sonho de o homem descobrir onde se encontra sua raiz ancestral, seu primeiro pai. De onde viemos? Do coração dos deuses que nos ofereceram o que tinham de melhor, um jardim – como conta o mito cristão da criação –, do qual não soubemos tomar conta e preferimos o risco do desconhecido. É assim também que o povo Munduruku conta sua criação. De onde viemos? Somos filhos da solidão.

Ao ser criado, cada povo precisa distanciar-se do mundo animal. Como conta o mito dessana, as criaturas nascem com seus parceiros e com eles precisam construir um modo de sobreviver no mundo. Para isso precisam dominar a natureza. Num momento inicial, fizeram da própria natureza seus instrumentos e, com o passar do tempo, procuraram aperfeiçoá-los a fim de que seu domínio fosse total. Foi isso que fez com que o homem primitivo polisse a pedra transformando-a num machado; ou pegasse um osso e o transformasse numa ponta de flecha ou numa agulha; ou usasse fios de pelos animais e deles constituíssem uma linha resistente para fabricar suas roupas.

Foi assim. Ele foi criando, transformando, armazenando, construindo casas mais bem acabadas para se proteger do frio ou do ataque dos animais selvagens. Esse domínio humano da natureza gerou um conhecimento que foi sendo passado de pai para filho. O modo de fazer as coisas, as casas, os casamentos etc. gerou a cultura. Cultura é, assim, uma construção, uma passagem, um novo *status* humano. Esse *status* evolui proporcionalmente ao domínio desses novos conhecimentos.

QUATRO – Esta terra tinha dono

Do ponto de vista da organização social também houve uma mudança. O homem primitivo percebeu que tinha de contar com a ajuda de outras pessoas para que seu trabalho rendesse mais. Para isso, ele se organizou em comunidades em que o fruto do trabalho era de todos e não apenas de alguns; a terra era de todos e não havia patrões e empregados, portanto, não havia exploração de uns sobre os outros.

Tudo isso ocorreu há cerca de 100 mil anos na África. No entanto, ele não quis ficar somente ali e resolveu sair. Por quê? Talvez para satisfazer sua curiosidade ou sua fome. O fato é que houve uma dispersão que culminou na saída dos primeiros homens daquele continente em direção à América, não sem antes povoarem outras regiões do globo, como a Europa e a Ásia.

A maioria das crianças ainda aprende, obedientemente, que Cristóvão Colombo descobriu a América em 1492. Porém, é quase certo que os vikings, outro nome que fascina a imaginação das crianças, tenham chegado à América antes dele. E, segundo um grupo grande de historiadores revisionistas, podem ter havido muitos outros.

Os estudiosos, na verdade, tendem a dividir-se em dois grupos opostos. Um deles argumenta que a civilização poderia ter sido gerada apenas uma vez e que todas as provas parecem levar à conclusão de que ela se originou em algum ponto do Novo Mundo. Segundo essa visão, chamada de "difusionista", as culturas pré-colombianas das Américas seriam, em grande parte, produto de influências externas. O outro grupo, conhecido como "isolacionista", parte da premissa oposta: argumenta que, exceto por uma pequena bagagem cultural introduzida por migrantes beringianos, todas as conquistas culturais dos nativos da América foram independentes.

Contudo, nos últimos anos, até mesmo os estudiosos que descartam os argumentos dos difusionistas, em decorrência de insuficiência de provas, foram obrigados a concordar que os oceanos não teriam constituído barreira tão intransponível como se pensava anteriormente. Pesquisas históricas recentes mostraram que muito antes de Cristóvão Colombo, ou dos intrépidos vikings, teria ocorrido um grande número de viagens por alto-mar.

Os cientistas acreditam que os primeiros contingentes humanos chegaram ao continente americano por volta de 50 mil anos atrás. Eles teriam vindo por vários caminhos, sendo que a maior parte veio pelo norte da Ásia, através do estreito de Bering, que separa a Ásia do continente americano. Na era glacial o estreito formava uma grande ponte entre os continentes. Outro caminho provável teria sido pelo próprio oceano Pacífico, navegando-se de ilha em ilha até se chegar ao litoral do Chile ou do Peru. Há cientistas que acreditam que certos grupos teriam vindo da Malásia ou da Austrália, chegando aqui pelo extremo sul, na Patagônia. De qualquer forma, acreditando em todas essas conjecturas, pode-se perceber que havia diferentes estágios de domínio cultural por parte de diferentes povos.

Há 3 mil anos – no calendário cristão – já se haviam formado as grandes civilizações do continente americano. São as civilizações mais conhecidas, pois organizaram todo um sistema social, político e econômico desenvolvido. São os maias, os astecas e os incas, que habitaram a América Central, o México e o Peru atuais.

No caso brasileiro, o homem teria chegado aqui na mesma época das grandes migrações. Vestígios encontrados em cavernas de Raimundo Nonato, no Piauí, datam sua presença em 45 mil anos atrás. Esse trabalho minucioso de reconstituição de nossa história ainda está sendo realizado por pesquisas arqueológicas que, no entanto, já nos dão um quadro geral da história desses primeiros povos que, acredita-se, eram todos caçadores e coletores, nômades que viviam em grupos de 10 a 20 pessoas.

Com o passar do tempo, no entanto, os grupos foram-se tornando mais sedentários, isto é, foram-se fixando em lugares definitivos, constituindo, assim, cidades, centros urbanos. Dessa época data o início da domesticação e cultivo de alguns vegetais como a mandioca, o milho, a batata-doce e a batatinha. Isso alterou os hábitos alimentares dos grupos, mas, sobretudo, sua vida social e até religiosa. Como isso pode ter ocorrido? É muito simples. As festas passaram a ser reguladas pela época da colheita e pela divisão sexual do trabalho mais definida. Assim, os homens passaram a ser responsáveis pela derrubada da mata para o plantio e a mulheres, pela colheita.

O sedentarismo de alguns povos foi criando uma cadeia de novas necessidades, sobretudo devido ao aumento da população e de doenças. Muitos povos resolveram esse problema construindo aldeias próximas umas das outras. Mantinha-se, desse modo, a unidade do grupo, pois a produção de alimento era suficiente para todos.

QUATRO – Esta terra tinha dono

Outros grupos, como os incas, que criaram um império organizado sobre rígidas leis de convivência, desenvolveram um sistema de irrigação para que houvesse água o ano todo, uma vez que habitavam uma região montanhosa. É claro que isso exigia muito trabalho. Até por isso, os incas usavam escravos capturados nas guerras contra várias nações. Não é preciso dizer que toda essa organização requeria uma classe dirigente, cuja função era comandar a classe produtora, sendo ela trabalhadora, assalariados ou escravos. A religião tinha também seu dirigente, uma vez que essas civilizações urbanas possuíam uma forte instituição religiosa com o papel de manter as famílias unidas. Já deu para entender que essa é a origem do Estado com toda a estrutura de poderes que organiza uma sociedade, não é mesmo?

Citei o exemplo dos incas, mas essa descrição vale para todas as civilizações que surgiram nesse período, como os maias e os astecas.

Entretanto, não vamos nos ater a esses povos. Nosso objetivo é falar da *terrae brasilis*, da nossa terra e dos povos que aqui habitavam e onde, grosso modo, tiveram uma forma diferente de organização social.

Não se sabe exatamente quantos povos havia aqui quando os europeus chegaram. Segundo historiadores e arqueólogos, é possível que na América toda houvesse aproximadamente 3 mil povos diferentes. Na região brasileira, estima-se algo em torno de mil. É possível, ainda, que esses povos formassem uma população de aproximadamente 5 milhões de pessoas. Cada povo, ou grupo de povos, falava línguas aparentadas entre si, formando troncos linguísticos. Quando os europeus desembarcaram aqui encontraram os povos que falavam a língua tupi, como os Tupinambá – povo forte e guerreiro que fez frente a muitas formas de escravidão. Foi por isso que essa língua acabou ganhando contornos grandiosos na cultura brasileira, uma vez que foi a mais conhecida, estudada e falada pelos primeiros colonizadores, chegando, mesmo, a ser a língua mais falada no Brasil até o século XVIII, quando o Marquês de Pombal decretou sua proibição. Isso deu a falsa impressão – até os nossos dias – que o tupi era a língua falada por todos os povos indígenas brasileiros, levando todas as pessoas a crer que todos os "índios" são iguais.

Na verdade, em 1500, os povos tupi não representavam a totalidade dos habitantes brasileiros. Eles eram profundos conhecedores do litoral, da arte da navegação e da guerra e, por isso, saíam em grandes caminhadas para conquistar seus inimigos, a quem chamavam de tapuias, habitantes do interior brasileiro.

Esses "tapuias" eram os povos falantes da língua jê – parte de um passado que se perde na memória –, tendo chegado à nossa terra provavelmente há 3 mil anos, provenientes das regiões andinas e entrando pelo sul do Brasil. Foram eles que trouxeram a cultura do milho e do feijão, espalhando-a pelas regiões secas do Centro-Oeste e Nordeste.

Os Jê são povos de tradição guerreira e foram eles que mantiveram o espírito de luta e resistência contra a escravidão portuguesa quando os Tupinambá foram derrotados no litoral. Acreditem ou não, apesar de guerreiros, esses povos não deixavam – e não deixam – de ser alegres, acolhedores e musicais. Eles deixaram sua marca no Nordeste. Basta ver e sentir o espírito musical e caloroso dessa região do Brasil.

Também os povos de língua tupi deram uma grande contribuição para a formação da cultura brasileira. Basta observar os usos que se fazem, de norte a sul do Brasil, de objetos, como rede de dormir e cerâmicas, e de alimentos, como farinha de mandioca e, até, chimarrão, tradicionalmente usado pelos povos guarani, do Sul.

Quando ainda era criança, ouvi a história dos povos indígenas contada por uma senhora bem idosa. Ela já tinha quase 100 anos, mas era muito lúcida. Essa avozinha gostava de reunir as crianças pertinho de si e repetir esta história que – segundo nos jurava – tinha ouvido de uma velha árvore.

Vou narrá-la do jeito que ouvi, mas achei por bem fazer algumas interferências para ilustrar melhor o que a anciã Munduruku queria nos dizer. Mais uma vez, vale a pena alertar para a necessidade de ouvi-la com o coração.

Conta uma lenda antiga que há uma enorme e bonita ilha num local perdido da Floresta Amazônica.

Essa ilha é habitada por animais de muitas espécies diferentes: macacos, antas, preguiças, onças, veados, tatus, cotias, tamanduás e muitos, mas muitos outros animais.

Esses animais dividem o território com aves de todas as cores e tamanhos. Além delas, há também os bichos da água como o peixe, o jacaré e a cobra. Apesar

QUATRO – Esta terra tinha dono

de tanta diversidade, todos têm seu espaço para sobreviver, caso consigam, é claro. Pois todos sabem que no reino animal só os mais fortes sobrevivem. Esses animais, portanto, esforçam-se muito para sobreviver na selva que cobre a ilha.

Aliás, as árvores, muito frondosas e gigantescas, são as verdadeiras donas daquela terra, pois elas abrangem todo o território e podem ver muito longe, além das fronteiras da ilha. Embora as aves possam voar muito alto e ter uma visão bem ampla das coisas, as árvores são as primeiras a saber de todas as novidades, porque os pássaros, cansados de tanto voar, vêm sempre se abrigar nos galhos delas e comentam as novidades de todos os cantos da ilha.

Os macaquinhos gostam de pular de galho em galho quando querem se divertir ou fugir de predadores. As árvores sempre se queixam deles, pois dizem que eles fazem cócegas nelas. Mas os macacos não se importam com as reclamações das árvores, pois sabem que elas, no fundo, gostam das algazarras deles. Dizem a elas que não entendem por que reclamam tanto com eles se as araras fazem mais algazarra em seus galhos.

Os macacos têm razão porque as árvores bem que gostam das macaquices que fazem. Eles acham que é porque as árvores já estão muito velhas. É por isso, talvez, que os macacos gostam tanto de se embalar nos galhos delas para ouvir as histórias que elas contam aos bichos da floresta.

Nessa mesma ilha, convivendo com as árvores, os animais, as aves e os rios, vivem diferentes povos. Moram em casas construídas no meio da floresta e comem carne de aves, peixes e caças e frutos que as árvores fazem brotar em seus galhos.

Um dia, vários animais se juntaram ao pé de um velho jatobá e pediram para que a árvore anciã contasse a história daqueles povos. A árvore disse aos bichos da floresta que eram mais de mil povos diferentes morando sob sua proteção. Não dava para dizer quantos eram ao todo, mas sabia-se que eram tantos quanto as árvores. Cada um deles era diferente do outro e já estava ali a muitos milhares de anos:

– Acho que são mais de 40 mil anos – dizia a árvore jatobá.

– Meus avós contavam para nós sobre o dia em que os viram pela primeira vez – continuava uma secular seringueira.

"Todos esses povos já estão aqui há muitos milhares de anos", passou a contar o jatobá. "A história deles vem sendo contada por nossos antepassados ao longo do tempo, pelos ventos, pela chuva, pelos relâmpagos e trovões.

"Todos dizem que no tempo em que a onça falava e que não existia divisão na terra e toda terra era uma só, esses homens habitavam uma região muito distante daqui, chamada Ásia. A escassez de alimento teria feito aqueles homens atravessarem um estreito de nome Bering e se espalharem por toda a nossa terra.

"À medida que iam se espalhando, foram formando grupos e cada um desses grupos foi desenvolvendo formas de se relacionar com o meio ambiente.

"Aprenderam a construir casas, produziram armas a fim de caçar, pescar e se defender de animais ferozes e de outros povos, pois, mesmo sendo da mesma origem, não se conheciam e cada povo teve de lutar pela sobrevivência. Isso significava ter de enfrentar outros homens.

"Também aí, só os fortes sobreviviam.

"Os mais fracos tinham de fugir para outras regiões. Aos poucos, então, toda a terra americana foi sendo povoada. Alguns optaram por morar próximos aos rios; outros foram para as planícies; outros preferiram viver no cerrado e outros, no litoral.

"Cada povo possuía uma língua própria, desenvolvida pela necessidade de comunicação. Alguns povos entendiam o que os outros falavam, pois tinham línguas parecidas; outros povos tinham línguas tão diferentes que não conseguiam se comunicar e, por isso, distanciaram-se uns dos outros, tornando-se, algumas vezes, ferozes inimigos.

"Desenvolveram um jeito todo especial de relacionar-se com os espíritos da floresta. Inventaram nomes para eles, inventaram também rezas, cantos, pinturas, danças; criaram regras para poder casar entre si proibições e uma forma toda especial de contar suas histórias: os mitos.

"Cada um deles tinha um nome que designava sua identidade, seu modo de compreender o mundo em que vivia. Era disso que falavam os mitos."

O velho jatobá ficou calado por um momento e depois prosseguiu:

"O modo pelo qual conviviam com os seres da natureza fez com que a própria natureza passasse a gostar deles e os protegesse. Esses povos passaram a ser os guardiões de nosso conhecimento. Passaram a ser os guardiões das matas, dos rios, dos campos. Cada um deles, que aqui morava, tinha sua maneira peculiar de viver:

"Uns moravam próximos ao rio e dele tiravam seu sustento.

"Outros moravam perto do mar e aprenderam a ouvi-lo.

"Outros povos moravam nas matas e conheciam as coisas da mata.

QUATRO – Esta terra tinha dono

"Outros viviam nos campos e conheciam seus caminhos.

"Era uma gente bem feliz. Tinha muita caça, muito peixe, muita fruta. Nunca faltava terra boa para fazer roça.

"Andavam seminus, sem roupas pesadas. Sua única vestimenta eram os enfeites que confeccionavam com material retirado da própria natureza: penas, dentes, urucum e genipapo para suas pinturas corporais e para tingir, fios de embira para fazer amarração, palhas de palmeiras para cobrir suas casas. Não tinham chefes, muito embora tivessem leis rígidas que deveriam ser cumpridas por todos sob pena de castigo.

"Durante muitos milhares de anos viveram assim: retirando da natureza o que precisavam para sobreviver, confeccionando armas para caça e pesca, construindo suas casas que nem sempre eram definitivas, confeccionando utensílios que serviam para o transporte dos produtos extraídos dos roçados ou das árvores. Enfim, eram povos que viviam seguindo normas sociais bem definidas. Trabalhavam de acordo com a própria necessidade de sobrevivência, sem desejar acumular nada para si.

"Milhares de anos se passaram sem necessidade de criar novas tecnologias. Estavam satisfeitos. Eram felizes com o que haviam escolhido para a própria vida.

"Mas, um dia, tanta felicidade foi abalada", finalizou o velho jatobá para nunca mais voltar a contar essa história que foi transformada com a chegada de outras gentes.

Atualmente, existem no Brasil 230[*] povos indígenas conhecidos e aproximadamente 54 grupos que ainda não foram contactados pelos *não-índios* e que vivem circulando pelas florestas do Amazonas, do Pará e outros estados brasileiros. São chamados grupos isolados e sobre eles se conhece bem pouco.

Esses 230 povos somam uma população de aproximadamente 450 mil[**] pessoas e estão presentes em todos os estados brasileiros, com exceção de um estado e do Distrito Federal: apenas o Piauí não tem mais a presença de nativos em suas terras.

As línguas faladas também são muitas, apesar de não chegarem nem perto das cerca de mil que eram faladas no século XVI. No entanto, ainda hoje somam 180 línguas estudadas e codificadas. Algumas delas estão organizadas

---

[*] Uso este número me referindo aos povos que são reconhecidos como indígenas. Há um número elevado de grupos que estão lutando para terem sua origem tradicional reconhecida pelo Estado Brasileiro.

[**] Números oficiais da Funai que considera apenas os aldeados. Para o IBGE há 750 mil indígenas considerando-se os que moram nas cidades.

por troncos linguísticos (as que já foram identificadas) e outras são classificadas apenas pela família linguística a que pertencem, como é o caso do aruak, karib, tukano e yanomami, entre outras.

A cultura nunca é estática. Ela está em permanente transformação. Mesmo os povos indígenas tiveram sua cultura alterada pelo contato com outros povos com os quais comercializavam, guerreavam e casavam. Também no século XVI, os povos Tupi dominavam outros grupos menores e impunham sua cultura sobre eles, dominando-os e fazendo-os adotar um comportamento "tupinizado". Esse é um processo universal. No entanto, desde épocas muito remotas, os povos indígenas sempre assumiram uma postura de respeito ao espírito do vencido. Todos os guerreiros eram treinados para honrar seu povo e a honra era vencer ou morrer de forma gloriosa, lutando. Vergonhoso era ser abatido sem lutar, entregar-se, capitular. A honra do guerreiro era um valor existencial seguido à risca pelo jovem que tinha, em seu aprendizado, convivido com a dor, o sofrimento, as perdas. Era preciso ser forte, valente, corajoso, saber suportar os desconfortos, aprender a criar estratégias de sobrevivência. Foi por causa de seu espírito de resistência que os povos indígenas nunca se entregaram ao longo desses mais de 500 anos da história dos vencedores. Continuam resistindo, acreditando no futuro, não aceitando serem integrados por um sistema que diferencia as pessoas, que tira o alimento de uns para que outros tenham alimento demais. Talvez seja essa a contribuição que os povos indígenas têm para oferecer ao Brasil no novo milênio.

Sempre trabalhei com jovens e adolescentes. Foi, inclusive, uma opção que fiz quando concluí o curso superior. Ela foi motivada pelo fato de eu pertencer a uma geração educada durante o regime militar, época de heróis que só conheci depois da abertura política e da leitura de obras a respeito do sofrimento dos povos latino-americanos. Durante minha primeira juventude, vivi às voltas com assistência a menores de rua no norte do país. Mas confesso que não compreendia as implicações sociológicas do trabalho que fazia; era tudo um pouco fantasioso, porém o fiz por e com amor. Foi uma experiência grandiosa que me valeu sérias reflexões posteriores. Afinal, o que podia saber um jovem aos 16 anos? Naquela ocasião, achava que estava fazendo tudo o que podia pelo bem do Brasil. Na verdade, não estava. E percebi que por muito tempo também não estaria, enquanto não ajudasse os jovens a se compreenderem como pessoas, uma vez que sobre eles recaíam as crises da idade e da vocação. Por isso, quando me formei – trazendo comigo a experiência pessoal do encontro com minha história, com minha ancestralidade –, achei que valeria a pena começar a clarificar a mente e o coração da juventude. Devo confessar que não foi fácil encontrar o passo certo. Variei muito. Busquei métodos, persegui fórmulas, experimentei muitas coisas até chegar a entender – graças a alguns sonhos ancestrais – que os jovens querem ouvir pouco e precisam expressar-se mais, precisam contar a própria história para alguém que não finja ouvi-los. E para dar boas aulas passei a ouvir histórias que, com o passar do tempo, notei que eram mais que histórias de vida, pois reflitam os sonhos que traziam dentro deles e que guardavam porque os pais não os queriam ouvir. Sonhos que falavam de amores (de todos os tipos, notem bem). Passei a ser confidente, companheiro (bela palavra, que significa "o que come comigo o mesmo pão"). Senti que passei a ser o velho índio da aldeia que tudo ouve e observa para, depois e só bem depois, se pronunciar e ser ouvido. Foi também nessa ocasião que os percebi "índios" (não no sentido pejorativo que às vezes se dá a essa palavra, mas no sentido da resistência interior, da formação do guerreiro; no sentido de serem gerados no sofrimento e, pasmem, no abandono). Não preciso dizer que minha identificação cultural com eles foi muito grande e que fizemos bons trabalhos juntos e colhemos muitos frutos.

Há uma grande quantidade de profetas entre os povos indígenas do mundo inteiro. O que está acontecendo em termos ambientais, sociais, políticos, e até religiosos, já foi profetizado há centenas de anos pelos nossos velhos ancestrais. O momento da chegada dos europeus também foi previsto nos sonhos dos velhos. E também todas as atrocidades que seriam cometidas aos filhos da terra, assim como a resistência e o ressurgimento das forças da natureza que forçariam o "homem branco" a rever seu papel no planeta Terra. Todas essas profecias sempre estiveram escritas na memória desses povos milenares. Menciona-se nelas, inclusive, uma nova modalidade de amigos dos "homens vermelhos" (como são chamados os nativos norte-americanos). A profecia refere-se às pessoas que não nasceriam "vermelhos", mas com a alma dos "homens vermelhos" e que trariam em si a possibilidade do aprendizado, a sensibilidade para construir um novo povo. Eles seriam o "povo do arco-íris", cuja história já começou.

O banquete dos deuses

Essa terra tinha dono. Mas não um dono no sentido capitalista. Talvez fosse melhor dizer que essa terra tinha Guardiões. Ela não pertencia a ninguém, mas servia a todos com igual valor. Vimos que a pré-história brasileira imperialista é, na verdade, a história de mais de mil povos diferentes que já caminham sobre ela há muitos milênios. Vimos também que a terra tem um significado sagrado para essas tradições. É sagrada porque guarda os espíritos ancestrais. É sagrada porque alimenta e alimenta porque é a Grande Mãe. Por isso merece ser reverenciada por meio das danças, dos cantos, dos sons dos maracás. Tal reverência pode ser feita por todos, como forma de alimentarmos nossa crença num futuro melhor, como forma de mantermos nossos sonhos acesos. A sacralidade de nossa Mãe Terra é alimentada pela história individual e coletiva de todos nós e pelo respeito ao caminho que ela traçou. É mantida pelo respeito ao caminho de cada povo, mesmo que isso nos pareça estranho.

Os povos nativos brasileiros não querem a terra para si como forma de posse. Querem a terra para dela tirarem o sustento material e a energia espiritual que os mantém vivos. Um povo só se sustenta culturalmente se lhe é dado o direito de acreditar, de ter esperanças, de sonhar.

Meu povo ainda sonha alimentado pelos espíritos ancestrais, alimentado por uma história milenar, por uma memória que nos aproxima do momento criador de Deus. Isso nos dá a certeza de quem somos e do que precisamos. E o Brasil, do que precisa?

Eu tive um sonho.

O Criador do mundo apareceu e me disse que os animais estão desaparecendo, morrendo ou fugindo.

Nós precisamos arrumar um jeito de aumentar o número de animais, proteger o lugar onde vivem. Porque se o povo indígena deixar de comer carne de caça, vai deixar de sonhar. E são os sonhos de poder que mostram o caminho que devemos seguir.

Sibupá Xavante

CINCO – A sabedoria indígena por dentro

A filosofia do bem viver

Conta-se que numa aldeia, em Rondônia, havia um grupo de professores universitários que ali chegou com o objetivo de estudar aquele povo. Todos os especialistas se puseram a estudar o comportamento dos índios. Havia uma professora que gostava de esnobar e quis fazer um gracejo com um velho sábio que estava sentado de cócoras perto do fogo, pitando seu cigarro de palha de milho. Ela se aproximou e perguntou de chofre ao velho: "O senhor sabia que o homem já foi à lua?" O velho nem levantou a cabeça, continuando do mesmo modo. A professora não se contentou e repetiu a pergunta, mas o velho não deu nenhuma resposta sequer. Indignada, a pesquisadora falou mais alto: "O senhor sabia que o homem foi à lua?" O velho, então, levantou-se bem lentamente e, olhando nos olhos da moça, respondeu com um ar professoral: "Já sei, sim, senhora. Sei. Eu estava lá!"

Já dissemos anteriormente que o conhecimento indígena está baseado numa relação amorosa com nossa Mãe Terra. Isso gerou um estilo de vida todo próprio para cada povo.

Já dissemos, também, que há uma sabedoria no modo de viver indígena. Uma sabedoria que vai além do mero conhecimento da realidade tal como a compreende o Ocidente. Para nós não há uma divisão entre as realidades que podem ou não ser percebidas pelo indivíduo pertencente à sociedade indígena. Tudo está no grande círculo e faz parte de uma teia tramada pela vida de cada um e de todos.

Neste capítulo, veremos como está organizada a sociedade indígena por dentro, dando ênfase à espiritualidade e ao agente intermediário entre o sagrado e o profano: o pajé.

Os povos indígenas brasileiros desenvolveram uma concepção teórica sobre o sentido da vida. Essa cosmovisão está assentada sobre as narrativas míticas que são recontadas e rememoradas a cada instante pela sociedade.

Nisso as sociedades indígenas não fogem muito da tradição ocidental, que também está assentada sobre o mito bíblico da criação. Assim, o mundo foi criado por etapas. No primeiro dia, Deus criou o céu, a luz. No segundo dia, as águas. No terceiro, a terra e as plantas. Em seguida, criou o Sol e a Lua, que foram colocados no firmamento. No quinto dia, os peixes e os pássaros. No dia seguinte, criou os animais, o homem e a mulher, que deveriam povoar o mundo.

A mitologia greco-romana traz, também, elementos semelhantes. Nela, antes de tudo, existia o Caos, divindade primordial que continha o princípio de todos os seres. Foi ele que gerou a Noite, que, por sua vez, originou, entre outros, o Destino, a Morte, o Sono e os Sonhos. Depois casou com Érobo, seu irmão, filho de Caos, e com ele teve Éter e Dia.

A Terra nasceu depois de Caos. Do seu casamento com Urano, filho de Éter e de Dia, nasceram os deuses, os gigantes, as virtudes e os vícios.

Devido a tais uniões, o Universo tomou sua forma. Nele veio a reinar Júpiter, rei dos deuses e dos homens. Do topo do Olimpo, sua morada, Júpiter é deus, juiz e protetor.

Lendo assim e não conhecendo toda a mitologia grega, a narrativa fica um pouco confusa e o leitor pode passar a duvidar de que foi assim que aconteceu de fato. No entanto, foi assim que a cultura grega apareceu para nós e se tornou um paradigma para o Ocidente.

Tanto no mito judaico-cristão quanto no grego há elementos que nos ajudam a acreditar que o mundo foi criado com a interferência divina. Esta criou regras de comportamento, valores a serem buscados para a satisfação

CINCO – A sabedoria indígena por dentro

dessa entidade. Caso as pessoas sigam tais normas e regras, serão merecedoras das benesses da divindade e, quando morrerem, poderão participar do Céu (para os cristãos), do Olimpo (para os gregos), da Nascente do Tapajós (para os Munduruku), do Gorá-koy-ed (para os Suruí).

De modo geral, a sociedade indígena organiza-se segundo essa complexidade mitológica. É claro que cada sociedade se organiza de acordo com o seu modo de compreender e se relacionar com o mundo.

Entre as perguntas que muitos me fazem nas palestras que dou, está a questão da evolução indígena. Por que os índios não evoluíram na mesma proporção das outras sociedades? Por que as sociedades indígenas são atrasadas tecnologicamente? E por aí vai. As respostas a essas perguntas não são tão simples com poderíamos supor. Imaginemos, no entanto, a seguinte pergunta sendo feita por uma criança indígena: Por que os outros homens, de outras sociedades, não têm a mesma evolução que a nossa?

Certamente alguém da sociedade não-indígena diria que isso depende do ponto de vista. E está muito certo agir assim, pois devemos imaginar sempre como o outro se sente quando tem sua organização social questionada. É verdade que em determinados aspectos a sociedade brasileira ou ocidental é mais evoluída que a indígena. Basta pensar na indústria tecnológica com todo seu desenvolvimento, nas máquinas complexas, nos meios de transportes e de comunicação. E a razão desse desenvolvimento é muito simples: acredita-se que seja importante valorizar esse tipo de conhecimento, por isso investe-se pesado nele. Nisso está, também, a busca da felicidade, do bem-estar e da qualidade de vida das pessoas e o domínio da natureza. Ao dominar a natureza, o homem ocidental pensa que pode chegar à felicidade.

No contexto da sociedade indígena, no entanto, a felicidade é posta em outro lugar e os esforços são investidos em outros campos. A natureza não é objeto para ser simplesmente explorado. Nessa atitude de respeito, as sociedades indígenas chegaram a um equilíbrio perfeito, utilizando uma tecnologia que, comparativamente à do Ocidente, é muito simples.

Por outro lado, se considerarmos a qualidade de vida alcançada por essas sociedades – em que ninguém tem mais que o outro e há abundância e menos violência –, notaremos que elas são mais desenvolvidas que a não indígena.

O banquete dos deuses

Como todas as sociedades, a indígena possui uma relação muito íntima com a busca do poder. No entanto, nela essa relação ou essa busca pelo poder não se dá da mesma forma que nas sociedades não-indígenas. Na verdade, não há disputa por cargos específicos, a não ser pelo do chefe ou cacique. Porém, o líder não tem um poder absoluto e nele não está concentrando todo poder de decisão; a vida das pessoas não está, necessariamente, nas mãos desse chefe.

A Antropologia tem estudado o sistema de poder que existe nas sociedades nativas brasileiras e chegou à conclusão de que essas são, na verdade, sociedades sem poder, ou seja, nelas não há uma pessoa que mantenha o poder em decorrência apenas de um carisma pessoal. A pessoa que almeja um cargo de chefe precisa possuir qualidades nem sempre fáceis de conseguir sem esforço. Para que alguém possa ter o privilégio de ser um chefe, tem de possuir três qualidades básicas: a) dominar a história dos antepassados; b) ter o dom da palavra; e c) ser generoso. Para que essas três qualidades se desenvolvam em uma pessoa, ela tem de esforçar-se muito e ser, de certa forma, mais trabalhadora que as outras, para que possa criar a riqueza necessária a fim de ser generosa; tem de saber ouvir mais do que os outros para que possa aprender toda a tradição; tem de ter um compromisso com a comunidade para que saiba cativá-la para aquilo que considera importante. O chefe precisa, portanto, ser uma pessoa que está em sintonia com a comunidade, para não incorrer no risco de decidir coisas que a comunidade não aprova e, assim, perder o cargo.

Além disso, há um aspecto muito importante, sobre o chefe, a ser considerado: ninguém tem nenhuma obrigação de segui-lo ou obedecê-lo. O poder que ele tem só será exercido à medida que as pessoas quiserem segui-lo, caso contrário, elas voltarão as costas ao cacique e o deixarão falando sozinho. E por que isso acontece? Porque não há chantagem, coerção e corrupção entre as pessoas. No fundo, o poder não está concentrado em uma pessoa, por mais sábia que ela seja. O poder pertence sobretudo à comunidade. Esta, sim, tem um poder soberano, muitas vezes formalizado pela palavra de um conselho de anciãos que decide o que todos – inclusive o cacique – devem fazer.

Não há punição na sociedade indígena? Na verdade há. Mas até que se chegue a uma punição física, a pessoa passa por uma série de conversações a fim de que abandone o comportamento pouco desejado socialmente. Só de-

CINCO – A sabedoria indígena por dentro

pois disso é que, em última instância, ela pode receber algum tipo de punição física, culminando, até, com o banimento social. Antes que isso ocorra, no entanto, esgotam-se todas as possibilidades de convencimento da vítima.

E quais são os motivos que podem levar uma pessoa à punição? Sem receio de estar generalizando demais, penso que há quatro coisas que resumem o que essas populações nativas consideram faltas graves: a) a mentira em proveito próprio; b) o roubo; c) a preguiça; e d) a acusação de feitiçaria. Se um desses elementos acompanha um indivíduo indígena que dele não se desfaz, a pessoa corre risco de ser punida pelo grupo social a que pertence.

Sei que algumas pessoas poderão dizer que isso é crueldade; no entanto, vale lembrar que nossas sociedades são pequenas e sua harmonia depende de um certo grau de controle social sobre os indivíduos. Isso aceito, será mais fácil a vida em sociedade. Por outro lado, é bom que se diga que todas as pessoas, desde o momento do nascimento, aprendem as regras sociais e como estas devem ser vividas.

Para que essa harmonização seja devidamente obedecida, surge a figura emblemática do pajé – que aqui chamaremos de xamã por considerar esse nome mais abrangente e seguro para o que vamos tratar em seguida.

Os mitos, como já disse anteriormente, formam a consciência social, apresentando as narrativas e os comportamentos desejáveis em um indivíduo. Com base neles se desenvolve toda uma concepção teórica sobre o sentido da vida, do viver e do morrer e da existência no mundo. Na cosmogonia indígena – salvaguardando muitas diferenças que variam de grupo para grupo – há uma clara visão sobre o papel que o indivíduo ocupa na teia da vida. Ideias como a existência do bem e do mal, da matéria e do espírito e da vida e da morte e o que acontecerá com cada pessoa após a morte estão presentes nas narrativas míticas e no comportamento cotidiano das pessoas.

Para as sociedades indígenas, um indivíduo socialmente sadio é aquele que não se permite desobedecer às regras estabelecidas. Essas regras vão desde o respeito ao descanso após o parto até o respeito aos tabus alimentares ou sexuais quando geram uma criança ou saem para a caçada (que deve ser precedida de jejum e abstinência sexual). Isso é o equilíbrio do ser.

Para manter a sociedade equilibrada, no caminho do correto abandono ao sagrado, surge a importante figura do xamã, responsável pelos procedimentos de cura e exortações daqueles que desobedecem o equilíbrio social.

O xamã é um indivíduo comum, mas possui alguns dons que o destacam dos demais.

Em algumas sociedades indígenas, o xamã é definido pelos sonhos das pessoas ou de um outro xamã. Em geral, esses sonhos são premonitórios e conduzem a comunidade àquela pessoa que será o futuro líder espiritual. Em seguida, ainda por meio de sonhos e de contato com entidades sobrenaturais, esse dom vai sendo desenvolvido.

Para o povo Tapirapé, não basta que a pessoa seja iluminada. É preciso que ela receba conhecimento dos mais velhos e passe por todo um processo de aprendizado, normalmente conduzido pelo mais velho xamã do grupo.

O uso de drogas alucinógenas pode ocorrer em alguns casos, mas não é regra geral. Por exemplo: os Tupinambá antigos, os Tapirapé e os Guarani usam o tabaco para fins terapêuticos. Já os Yanomami fazem a utilização de alucinógenos para o contato com os espíritos. Os Tenetehara do Maranhão aprenderam com os negros africanos o uso da maconha, passou a ser, para eles, instrumento de contato com os espíritos.

É bom lembrar que para alguns grupos a doença é fruto da feitiçaria lançada por alguém que tem algum tipo de animosidade contra o doente. Também é possível que as pessoas adoeçam devido às transgressões a tabus alimentares, a regras ecológicas ou ao resguardo após o parto.

O corpo é um sistema em perfeito equilíbrio, que pode ser quebrado por uma interferência externa ou feitiço. Por isso, a presença do xamã é tão importante para o ajuste do equilíbrio do doente. Entre as atribuições do xamã estão as seguintes: a) identificar e curar as doenças – para as quais tem sempre uma explicação plausível e um remédio necessário, além de conselhos para o doente; b) identificar os possíveis responsáveis pela doença – normalmente se trata de um feiticeiro que, na calada da noite, "armou" algum *cauxi* para um parente seu – caberá ao xamã dar conselhos para que o acusado faça um remédio a fim de deixar de manipular os maus espíritos, caso contrário, poderá ser assassinado pela comunidade sob acusação de feitiçaria; c) realizar as cerimônias de identificação dos espíritos ladrões de almas e causadores das doenças – essas cerimônias servem para identificar os bons espíritos da floresta; d) sonhar e no seu sonho prever o futuro de sua comunidade, uma vez que no sonho pode sair do próprio corpo e viajar milhares de quilômetros pelo cosmos todo e

CINCO – A sabedoria indígena por dentro

descobrir o que irá acontecer a seu grupo. Embora todos na comunidade sonhem, cabe ao xamã a exata interpretação deles.

Como se pode notar, é o xamã que, de uma forma ou de outra, ordena os conhecimentos da comunidade sobre o comportamento que deve assumir perante o sobrenatural, bem como o tom e o sentido da coexistência pacífica com ele. Sem a presença desse líder espiritual, toda a comunidade estará sujeita ao sofrimento e à morte e terá de buscar novas formas de lidar com o sagrado, entregando-se, muitas vezes, às seitas fundamentalistas a que ela não está acostumada e que jamais lhe trarão as respostas de que precisa para agradar ao Grande Espírito e compreender a maravilhosa experiência de estar vivo.

Como ilustração deste capítulo, gostaria de apresentar o relato de um momento da atuação do xamã munduruku, que já foi publicado no livro *Coisas de índio*.

O pajé tragou lentamente seu cigarro de palha e, num arroubo de concentração, passou a lançar baforadas de fumaça sobre o paciente que agonizava na rede. Em seguida, tomou o chocalho em suas mãos e, com batidas rítmicas, pôs-se a cantar uma melodiosa e mântrica cantiga na tentativa de resgatar o espírito que já havia deixado aquele corpo. Recitando uma prece milenar, invocando os poderes sobrenaturais da floresta e do cosmos, sentou-se ao lado do moribundo abanando-o com a pena de mutum – que oferece o equilíbrio entre o céu e a terra – e dizendo doces e ternas palavras nos ouvidos do falecido.

A assembleia assistia a tudo com olhar enigmático. O que o pajé estava vendo e ouvindo? Quais espíritos ele invocava? Daria ele vida ao morto? Teria ele o poder sobre a vida e sobre a morte?

Arudwatpô, que já presenciara tantas e tantas vezes o velho xamã curar pessoas enfermas, lançava um incrédulo olhar sobre a tentativa do sábio em trazer de volta o espírito viajante. Enquanto pensava nisso, viu o velho erguer-se e caminhar rumo à janela. De repente, pôs-se a agitar nervosamente a pena de mutum e assoprar baforadas de fumaça contra a luz que vinha de fora. Depois se acalmou e se sentou na rede especialmente armada para ele. Dirigindo-se à assembleia, comentou serem espíritos enganosos que queriam voltar à vida no corpo do paciente. Se isso acontecesse – dizia o velho –, o espírito do falecido jamais poderia voltar e toda a comunidade estaria em perigo também. Por isso, precisaria estar atento. Um vacilo seu poderia implicar na morte de muitas outras pessoas.

Muitas horas se passaram e a luta travada entre o xamã e os espíritos enganosos continuava sem trégua. O velho pajé já demonstrava um visível desgaste físico; mesmo assim, mantinha-se firme, pois sabia que dele dependeria não só a vida daquele paciente, como também de toda sua comunidade. Por outro lado, não poderia deixar que a noite chegasse – à noite os espíritos ficam invisíveis, impossíveis de serem controlados –, senão perderia a batalha e seu paciente teria seu espírito levado para o reino da morte.

Já no fim da tarde, exausto e faminto, o velho xamã ergueu-se de sua rede como se ouvisse conversas vindas do além; acendeu mais um cigarro de palha; tomou na mão a pena de mutum e caminhou até o moribundo; soprou sobre ele várias baforadas de fumaça; virou-se para a assembleia; e pediu silêncio. Todos emudeceram. O pajé pareceu transfigurado. Lá fora, pios de corujas revelavam que a noite já caíra, cães ladravam prenunciando uma aproximação invisível. Dentro da casa, todos entraram em transe e um vento frio percorreu a extensão dos corpos; crianças choravam e eram logo afogadas pelos fartos seios das mães ansiosas; homens guerreiros tremiam de medo; os cantadores, intuitivamente, cantaram mais forte, gerando um clima de êxtase; ouviram-se falas na casa, mas ninguém viu nada; o pajé estava inerte, mas falava alguma coisa inaudível e, em seguida, deitou em sua rede e adormeceu.

Aos poucos, tudo voltou ao normal, ou quase: o corpo, antes sem vida, agora reclamava de fome e sede. O pajé, dormindo, estava com uma face feliz de quem cumprira seu dever e todos murmuravam indagando uns aos outros o que cada um vira naquele momento mágico. Nenhuma fala se coadunou e, aos poucos, todos foram percebendo que cada um tivera a experiência que quis ter e seu respeito ao velho xamã da aldeia fora renovado, pois ele aumentara a esperança no milagre da vida.

SEIS – Educação da criança indígena

Ou deixando que o outro seja

Aprendi com meu povo o verdadeiro significado da palavra educação quando via o pai ou a mãe do menino ou da menina conduzindo-os passo a passo no aprendizado cultural. Pescar, caçar, fazer arcos e flechas, limpar o peixe, cozê-lo, buscar água, subir na árvore etc. Em especial, minha compreensão aumentou quando, em grupo, deitávamos sob a luz das estrelas para contemplá-las, procurando imaginar o universo imenso à nossa frente, que nossos pajés tinham visitado em seus sonhos. Educação para nós se dava no silêncio. Nossos pais nos ensinavam a sonhar com aquilo que desejávamos.

Compreendi, então, que educar é fazer sonhar. Aprendi a ser índio, pois aprendi a sonhar. Ia para outras paragens. Passeava nelas, aprendia com elas.

Percebi que na sociedade indígena educar é arrancar de dentro para fora, fazer brotar os sonhos e, às vezes, rir do mistério da vida.

Descobri depois que, na sociedade pós-moderna ocidental, educação significa a mesma coisa: tirar de dentro, jogar para fora. Decepcionei-me ao ver que os professores agiam ao contrário. Colocavam de fora para dentro. Os sonhos ficavam entalados dentro das crianças e jovens. Não tinham tempo para sair. Aprender, para o ocidental, é ficar inerte ouvindo uma multidão de bobagens desnecessárias. As crianças não têm tempo para sonhar, por isso considerem a escola uma grande chantagem dos adultos para tirá-las de dentro de casa.

Não escolhi ser índio, essa é uma condição que me foi imposta pela divina mão que rege o Universo, mas escolhi ser professor, ou melhor, confessor dos meus sonhos. Desejo narrá-los para inspirar outras pessoas a narrarem os seus, a fim de que o aprendizado ocorra pela palavra e pelo silêncio. É assim que dou aula, com esperanças e com sonhos.

O texto anterior foi extraído de *Histórias de índio* que escrevi pensando nas crianças. Quis dar um testemunho de como somos educados desde o momento em que nascemos e como aprendemos a respeitar o espaço que cada pessoa ocupa no Universo. Isso se dá de maneira aparentemente informal, pelo exemplo que os adultos dão aos mais jovens. Aprende-se a tradição vivendo-se a tradição. A fórmula é simples, é a fórmula do exemplo. Educamos a criança porque fomos educados daquele mesmo jeito. Aprendemos valores essenciais porque vemos os adultos levarem a sério sua vida.

A educação de uma criança indígena começa no berço. A sociedade Tupinambá do século XVI tinha uma série de tabus que eram levados em consideração quando uma criança nascia. Dentro de sua concepção cosmogônica, acreditavam que a criança era gerada sobretudo pelo sêmen masculino e não apenas de uma única relação sexual, mas de seguidas cópulas. A mulher tinha a função de depositária da vida e deveria seguir muitos preceitos sociais para não prejudicar a criança que iria nascer.

O parto varia muito e não há uma única forma de dar à luz. Entre os Tenetehara, ele é realizado no interior da casa, sendo que a mulher se acocora sobre uma esteira estendida no chão. Já entre os Tapirapé, ele é feito na rede. Entre os Guarani, a mulher retira-se para o mato, onde passa o dia todo até que a criança nasça. Entre os Sirionó, do Paraguai, o parto é feito dentro da casa e é visto por mulheres e crianças. O pai – quando recebe a notícia do início do trabalho de parto – parte para a caçada a fim de procurar um nome para a criança. Em quase todos esses casos, o cordão umbilical é cortado imediatamente e enterrado.

Após o parto, a mulher tem um tempo curto para o descanso, pois como foi do homem o trabalho maior, é ele quem tem direito ao descanso e às visitas dos parentes, que trazem presentes para o recém-nascido. Nessa sociedade não é permitido ao pai exercer nenhum tipo de atividade, tendo

SEIS – Educação da criança indígena

que se resguardar e proteger o filho contra as investidas dos espíritos, que podem enviar doenças à criança. Além disso, há tabus alimentares e sexuais muito rígidos. Os pais têm de se abster, sacrificando-se pelo bem-estar das crianças.

Entre os Tenetehara, a mulher deve permanecer tanto quanto possível deitada na rede e o marido deve descansar, evitando fazer qualquer trabalho pesado. Esse regulamento deve ser obedecido até o momento em que o cordão umbilical cai, mas os pais devem continuar evitando as relações sexuais.

A responsabilidade do pai pela saúde da criança é muito grande. Compete a ele tomar as providências para que ela possa crescer forte e bonita, capaz de ser útil à sua sociedade. Por isso, entre os Tupinambá, quando nasce um menino, o pai faz uma oferta cerimonial que consiste em presenteá-lo com unhas de onças, para que o recém-nascido se transforme em um grande caçador. Por isso também os pais Kaapor providenciam colares feitos de ossos de mutum, que, quando usados pelos meninos, os transformam em hábeis caçadores. Além disso, os ossos de jiboia, acrescentados nesses adornos, garantem aos seus possuidores a força física necessária para o desempenho de certas atividades masculinas. Os mesmos ossos de jiboia nos enfeites de uma menina asseguram-lhe partos fáceis no futuro.

Roque de Barros Laraia

Após as primeiras semanas do nascimento, a mãe assume total controle sobre a criança. Ela a carrega para todos os lugares. Se a criança chora, imediatamente lhe é fornecido o que mamar. Ela é sempre carregada no colo ou em um uma tipoia – espécie de berço atado ao corpo da mãe. Quando já está dando os primeiros passos, passa a brincar com outras crianças que estão por perto. É claro que nunca vai se aventurar a ir além das vistas dos adultos. Nesse momento, aparece novamente a importante figura masculina. Os pais passam a dar mais atenção a elas. Quando voltam da caça – enquanto a mulher trata do fruto do trabalho do marido –, eles brincam com as crianças o tempo todo. Na sociedade indígena, ela é "propriedade" de todos, de modo que muita gente ajuda a tomar conta dela.

A mãe leva a criança a todo lugar: ao mato, à roça; quando vai coletar frutas ou extrair mandioca; quando vai ao rio buscar água ou tomar banho; quando vai dar um passeio pelo pátio da aldeia; quando vai conversar com as amigas.

As crianças são criadas em grande liberdade, sem nenhuma imposição. Isso as torna, quase sempre, bem comportadas. Quando crescem um pouco, não têm muitas responsabilidades, mas pedem-se a elas pequenos serviços: buscar água, olhar um irmão mais novo, espantar os cachorros, chamar alguém etc.

Conforme crescem, é solicitado que acompanhem os pais em pequenas atividades, o que as ajudará a reconhecer o ambiente no qual vivem. Dessa forma, desenvolvem sua percepção geográfica, o domínio do ambiente. Aprendem a caçar, pescar, plantar, fazer cestos de palha ou potes de cerâmica. Conhecem melhor a mata, os rios, os caminhos da caça. Depois de um dia cheio, todos se reúnem no rio para um banho familiar enquanto conversam, trocam impressões, brincam.

Como parte da estratégia de conhecimento do território, muitos grupos saem para fazer grandes caçadas ou pescarias em que têm de passar um longo período fora da aldeia. Nessas atividades, que podem durar meses, as crianças têm a possibilidade de conhecer melhor a natureza, tomar contato com animais que ainda não conhecem, com plantas e ervas, com frutos e outras formas de conhecimento. Durante esses passeios, elas coletam matérias-primas para a confecção de brinquedos. Juntam palha, cabaça e madeira, que serão transformadas em brinquedos muito divertidos. Com isso, a criança tem a possibilidade de participar mais da vida de sua família e sentir-se mais integrada ao mundo.

Os meninos costumam brincar com pequenos arcos e flechas que lhes são dados como presente pelos pais a fim de treinarem a pontaria. Apostam entre si quem consegue acertar com maior facilidade bananeiras ou pequenos bichinhos que aparecem na aldeia.

As meninas costumam ajudar a mãe. Elas brincam de imitar gente grande. Ouvem – e depois contam – as histórias que os mais velhos contam; estão o tempo todo com os adultos na preparação de festas, bebidas rituais, trabalhos, enfim, na preparação do universo do qual suas vidas fazem parte.

Nem tudo, no entanto, é brincadeira. Há determinados momentos em que ocorrem os rituais de iniciação, que marcam a passagem de uma fase a outra da vida. Esses rituais quase nunca são momentos fáceis para esses meninos e meninas. Em alguns casos, chegam a ser dolorosos, pois valem como testes de coragem e determinação. Os povos indígenas sabem que a vida não é apenas uma grande diversão, mas também inclui o sofrimento e a dor. Por isso, é preciso fazer com que as crianças passem por momentos de privação e de dor, a fim de que possam ter autodomínio e firmeza nos momentos difíceis da vida.

Esse momento é chamado pela Antropologia de período marginal. Nele, o menino não é mais uma criança, mas também ainda não pode ser considerado um adulto ou inteiramente integrado à sociedade. Entre os Suruí, povo que habita o estado de Rondônia, essa passagem ocorre quando o jovem tem seus lábios perfurados por volta dos 13 anos. Aí ele passa a estar apto para a sociedade. Entre os Tupinambá, o jovem tem de passar por esse momento de dor sem chorar para não ser considerado um covarde. Nesse povo, a perfuração dos lábios ocorre quando o menino tem entre 5 e 6 anos.

Há também, é claro, rituais de iniciação para as meninas. Em algumas sociedades é comum a primeira menstruação ser um sinal do momento para ensinar os cuidados que devem ter com o próprio corpo. Os Tupinambá tinham o hábito de cortar os cabelos na primeira menstruação. Além disso, faziam uma espécie de sangria na menina com o objetivo de lavar seu sangue. Em seguida, era deitada em uma rede onde permanecia por três dias em completo jejum. Isso se repetia durante mais de dois meses para, só depois, ela ser completamente aceita na sociedade.

Em outras sociedades, faz parte do ritual de maturidade a reclusão total. Meninos e meninas ficam totalmente isolados do convívio social enquanto aprendem o que está acontecendo com eles, com o próprio corpo, e o que é necessário saber para que sejam homens e mulheres maduros depois daquilo. Há, como se pode perceber, um aspecto simbólico muito importante na reclusão dos jovens. Ao saírem desse estado, são apresentados à comunidade com um novo *status* social. O simbólico é o fato de estarem como que maturando dentro de um ovo, sendo chocados para, em seguida, saírem outros, com uma nova pele, uma nova casca, para um novo mundo. Esse rito é ainda vivido pelos Kura-Bakairi do norte do Mato Grosso e pelos Xavante.

Quando os púberes saem dessa condição são aceitos como adultos e devem se comportar como tal. A partir daí, poderão efetivar o matrimônio com os noivos previamente determinados pela sociedade.

Mais uma vez, vemos que, embora guarde as devidas proporções, a sociedade indígena é uma sociedade movida pela preocupação econômica na educação de suas crianças. Porém, antes que possam ou tenham obrigação de produzir, são ensinados a elas os caminhos do espírito, da liberdade, da vida comunitária e da responsabilidade social. Dessa forma, garante-se que o Céu permaneça equilibrado, os espíritos estejam satisfeitos e a comunidade sobreviva.

SETE – O país sobre um cemitério

Direitos, terra e violência

> O Brasil está se construindo em cima de um cemitério.
>
> Ailton Krenak

O Brasil é um país imenso, rico, com uma diversidade social maravilhosa, com culturas que o enriquecem e o tornam um dos melhores países do mundo para se viver. Com democracia social, racial e religiosa, procura a estabilização e a globalização, em uma tentativa de erradicar a pobreza e com um governo preocupado em fortalecer a democracia etc.

Tudo isso nos é repetido à exaustão pelo governo e pelos meios de comunicação que acreditam que o caminho do Brasil é o desenvolvimento, criando uma imagem de que tudo está bem, uniforme, linear e com possibilidade de solução. Corrupção, violência, compra de votos e privatizações são consequências da modernização e, aos poucos, tudo entrará nos eixos e o país será brindado com a entrada no Primeiro Mundo, em que todos serão felizes consumindo McDonald's e Coca-Cola.

É interessante percebemos que, nas ruas, nos bares, nos cabeleireiros, nos lugares onde o povo está, as conversas sempre chegam à crise que o país enfrenta. As pessoas estão insatisfeitas porque não veem uma solução imediata dos problemas que pululam país afora. No entanto, apesar dessa reação desfavorável, é comum perceber que estão conformadas com a situação presente pois há indiferença. O que nos faz pensar no papel que a ideologia da situação exerce sobre as pessoas, criando uma sensação de que tudo está perdido e que não adianta fazer nada. Nisso ela é perfeita, porque consegue criar um estado letárgico em quem poderia mudar a realidade.

Essa sensação é comum nas grandes cidades, onde quando algo acontece normalmente vem à tona e todos se indignam com o que aparece nos noticiários. Infelizmente, é uma indignação passageira, logo esquecida por algum tipo de comoção nacional, como a morte de um ídolo, um campeonato mundial de futebol ou coisa parecida. A comoção acaba virando, algumas vezes, um instrumento importante para se pedir soluções de problemas sociais como a violência, que tem grassado os grandes centros urbanos como o Rio de Janeiro, São Paulo, Belo Horizonte ou Recife, para citar apenas alguns. Quando a violência alcança crianças ou pessoas indefesas, a comoção acaba virando um apelo para que se aprove leis mais duras e se busque soluções mais urgentes para esse importante aspecto da vida social.

O Brasil, no entanto, não é apenas as grandes cidades. O Brasil é muito maior que a mesquinharia regional debatida por alguns políticos. O Brasil é uma grande casa com todos os seus cômodos e o seu quintal, e olhar unicamente para as grandes cidades é olhar para a sala e esquecer os outros cômodos. É como varrer a sujeira para debaixo do tapete. É tirar a responsabilidade da ação mais efetiva.

Esconder, desse jeito, o Brasil do povo brasileiro é uma coisa muito ruim, porque é também impedir o povo brasileiro de tomar conta dele mesmo. Se você não conhece sua casa, pode deixar uma parte dela abandonada. Com isso, ela vai quebrando caindo [...] porque você não a conhece, não cuida dela. E o povo brasileiro tem cuidado muito pouco da casa em que mora. Fica sentado na varanda, tomando conta da rua; enquanto isso, o quintal e a casa dele são roubados, mexidos, envenenados. Mas ele está muito seguro de si, sentado na varanda.

Ailton Krenak

SETE – O país sobre um cemitério

Grande parte da população brasileira é vítima de uma mentalidade conformista ou transferidora de responsabilidade. Isso tem acontecido ao longo desses mais de 500 anos de história. A população sempre considerou que a tarefa de transformação é dos outros. É a ideia incutida na cabeça do brasileiro de que ele paga as pessoas para fazerem o "trabalho sujo" e, portanto, não precisa reagir diante dos desmandos federais. A culpa é sempre do presidente da república, dos ministros, dos empresários, dos partidos. Enquanto isso, acontecem as famosas maracutaias que jogam o país na lama.

O que estou falando não é novidade. Todos sabem que é assim. Quero apenas introduzir um tema que tem sido ignorado ou permanecido no total desconhecimento das pessoas que acreditam que o Brasil é apenas seu pedaço de chão. Quero poder abrir os olhos do coração para uma realidade que pode ser muito grave para os povos indígenas neste ainda novo milênio, que será trágica se as pessoas não entenderem o Brasil como um todo, como nossa casa comum.

Desde o século XVI, o esforço dos governos foi sempre no sentido de exterminar o indígena, visto como um estorvo ao progresso e ao desenvolvimento. O reconhecimento da humanidade dos povos brasileiros chegou ao Brasil via bula papal, documento que impunha que os portugueses cuidassem bem dos nativos, pois eles também eram filhos de Deus. E, para torná-los cristãos, foi-nos enviado o exército cristão daquela época: a Companhia de Jesus. Vinham para converter os gentios, selvagens que não conheciam o deus cristão.

Passaram-se os séculos e passaram-se muitos povos. A cruz dos jesuítas trouxe a dor, trouxe as doenças aqui desconhecidas, mas não trouxe a paz aos povos. Ficaram livres da escravidão e do trabalho forçado, mas nunca tiveram sossego. Suas terras – lugar de perambulação, de busca de sobrevivência, de rituais, de paz de espírito – foram constantemente ameaçadas pela ganância dos colonizadores. Leis foram elaboradas, aprovadas; leis foram descumpridas e a morte continuou a rondar a harmonia comunitária. Mesmo a República, proclamada sob os auspícios do Positivismo, não foi suficiente para conter a sanha dos caçadores de índios.

Só no século XX ocorreram as primeiras tentativas mais consistentes de aproximar o indígena da realidade social. O marechal Rondon – que dizia "morrer se preciso for, matar nunca" – foi o primeiro a considerar a responsabilidade do Estado brasileiro. Ele criou o SPI – Serviço de Proteção ao Índio, em 1910, pensando que daria suporte ao indígena brasileiro, mantendo-o a salvo do abandono e do extermínio. Infelizmente, isso não ocorreu e a destruição continuou ainda mais mordaz. Tanto que, na década de 1950, os primeiros antropólogos brasileiros acreditavam que não havia mais esperança e que, em um período de 30 anos, todos os grupos já estariam exterminados ou assimilados à cultura nacional. Felizmente, eles erraram em suas profecias.

Apesar dos esforços de Rondon, o SPI foi extinto e seu criador foi abandonado e morreu ridicularizado pelos funcionários do governo. Em lugar do SPI, nasceu a Funai – Fundação Nacional do Índio. Desde logo, sabia-se que ela fora criada pelos militares para ser instrumento de extermínio dos indígenas. Este plano seria colocado em prática por meio da abertura de frentes expansionistas para a Amazônia (Transamazônica) e para o Centro-Oeste, duas regiões, então, pouco habitadas, de acordo com eles. A meta era integração. Integração nacional? Não, integração dos indígenas ao Estado e, consequentemente, a perda de sua identidade como povo e a possibilidade de explorar a terra antes por eles habitada.

Tal como no século XVI – quando Portugal dividiu o Brasil em capitanias hereditárias –, também o Brasil foi "dividido" no início da década de 1970, quando se permitia que uma única pessoa pudesse comprar pedaços de terra no Pará equivalentes a países inteiros da Europa. Isso tudo era feito porque se acreditava que essas pessoas colocariam o Brasil na marcha do desenvolvimento ("pra frente, Brasil!"). A essas pessoas eram dadas garantias documentais de que não havia presença de gente naquelas terras; estas, portanto, poderiam ser colonizadas sem receio. Porém, não havia verdade nisso, pois aquelas terras, ao contrário, eram totalmente habitadas e guardavam a riqueza de muitas tradições. A saída foi tirar o indígena de lá, usando mecanismos de repressão e até assassinatos, muitas vezes por jagunços contratados especialmente para "fazer o serviço".

Nessa época foi instituído o Estatuto do Índio, em que se descrevia o que era ser "índio" para o governo federal e quais os direitos que lhes cabia como tutelado da nação. No estatuto, o "índio" era considerado relativamente capaz, ou seja, como um menor de idade impossibilitado de responder por seus atos, cabendo à Funai o papel de tutora.

SETE – O país sobre um cemitério

E qual é o papel dessa fundação? Teoricamente é o de assegurar a sobrevivência dos povos indígenas. Mas como é possível que um órgão que nasceu com o propósito de integrar possa proteger? É a contradição que a acompanha até hoje. Falida, mal administrada, manipulada de acordo com a vontade do poder, considerada um grande cabide de emprego, a Funai é mais um órgão que tende a desaparecer ou ser substituído por outro; quem sabe pior, quem sabe melhor.

Durante a década de 1980, com o processo da abertura política, muitas organizações indígenas foram sendo criadas para fazer frente à violência contra os povos. Era preciso refletir sobre os direitos que os "índios" tinham, seja perante a lei ou perante a história. Eram reflexões que já previam o debate sobre o paternalismo da política oficial e a autonomia dos povos para dirigir a própria história sem atrelamento ao governo. Nessa época foi criada a UNI – União das Nações Indígenas. Foi a primeira tentativa de organizar nacionalmente os diversos povos indígenas. Durante muitos anos, essa entidade foi a principal defensora dos direitos indígenas, enfrentando o descaso das autoridades e propondo soluções. Teve sua luta reconhecida mundialmente e seus principais líderes agraciados com prêmios por entidades internacionais.

Mesmo com tantas denúncias feitas nas décadas passadas por entidades indígenas e não-indígenas, a violência continuou. Com o advento da democracia, acreditava-se que a situação melhoraria, mas ocorreu o contrário, pois a violência no campo aumentou e vitimou muitas lideranças indígenas. Grandes fazendeiros e mineradoras continuavam ameaçando a vida de muitas pessoas Brasil afora. Num relatório sobre a violência contra os povos indígenas, realizado em 1993, há dados impressionantes sobre as formas variadas de métodos utilizados para amedrontar as comunidades que teimavam em sobreviver: assassinatos, tentativas de homicídios, ameaças de morte, prisões ilegais, lesões corporais, estupros e escravidão são alguns desses métodos. Denúncias existiam, mas o governo continuou surdo aos apelos dos povos. Essas formas de violência eram decorrentes do interesse que os empresários tinham nos territórios indígenas, para a exploração da madeira ou a extração de ouro.

Na década de 1990 muito pouco foi modificado. A Funai continuou sendo o mesmo órgão inútil para os indígenas e o governo permaneceu surdo aos apelos de regularização das terras que já deveriam ter sido demarcadas, de acordo com a Constituição Federal promulgada em 1988. O *lobby* dos poderosos não permitiu que a lei fosse cumprida e a sociedade brasileira ficou indiferente a isso mais uma vez.

Relatórios continuam mostrando o aumento da violência no campo e em áreas vizinhas, inclusive com o aprimoramento dos métodos de tortura usados pelos assassinos de indígenas. O pior é que a grande maioria dos atentados que ocorrem fica sem solução, imperando um clima de impunidade que nos faz crer que o indígena tem um valor cada vez menor para os poderes federais.

[...] Esse pensamento é um pensamento que guardo no meu espírito, não para criticar, não para ofender o povo brasileiro. Se isso fosse uma história do passado, eu não teria prazer nenhum em ficar contando para entristecer as pessoas; mas ela é uma história do presente, e eu vejo com indignação e com vergonha, porque não adianta nada nós fazermos trezentas conferências pelo Brasil todo, se você que ouve continuar achando que não tem nada a ver com isso, [...] achar que os índios se salvam, e nós, brasileiros, vamos salvar nosso emprego, a nossa rua, o nosso quarteirão, o nosso bairro. Essa omissão me assusta muito, porque é a situação de quem mora na varanda e não presta atenção na sua casa. Vocês só vão prestar atenção na casa no dia em que ela estiver queimando, pegando fogo e só tiver sobrado cinzas. A nossa casa é a mesma de vocês. O rio que é importante para o meu povo é o mesmo rio que vai dar água para o seu filho e para o seu neto.

Ailton Krenak

Por que é importante pensarmos no Brasil a partir das dificuldades pelas quais passam os povos indígenas? Por que é importante colocar os indígenas no centro de uma reflexão sobre a educação?

Já dissemos anteriormente que não é possível negar a contribuição que os povos indígenas deram para a formação do povo brasileiro. Negar essa contribuição é negar uma história que vem sendo esquecida propositadamente há muitos séculos. Pelo que pudemos conversar, observamos que os povos indígenas trazem a marca do amor pela terra. O indígena e a terra são marcas registradas do Brasil. Sem eles, o Brasil fica mais pobre, a humanidade fica mais pobre, o planeta fica mais pobre. Acabam-se os referenciais da ancestralidade. É preciso acabar o distanciamento que existe entre o povo brasileiro e os povos indígenas. O indígena é brasileiro, o brasileiro é também indígena. Deve-se

SETE – O país sobre um cemitério

criar uma parceria que acabe com o descaso das autoridades e com a ignorância que grassa na sociedade. A sociedade indígena é um contraponto importante para a compreensão do Brasil como nação, como povo. É um contraponto ao tipo de poder que o país cria para si, um poder centralizado em uma única pessoa que se acha capaz de decidir sobre todos os outros.

Os educadores têm grande participação na formação da consciência a favor da vida, da paz no campo e na cidade, da harmonia entre os povos. Eles não podem se furtar, ficar indiferentes a tudo. Ao contrário, devem ser os primeiros a se indignar, a fazer seus educandos protestar, exercer seus direitos de cidadãos.

Já faz alguns anos que o pataxó Galdino foi queimado vivo, em Brasília, por jovens da classe média. No momento em que soube do fato, o notável Paulo Freire sentiu-se mal, não conseguindo mais recuperar-se. Dias depois veio a falecer. Os amigos dizem que ele não conseguiu segurar o coração já tão fragilizado diante da barbárie que o país presenciou.

Acho que ele morreu de tristeza ao notar que quem matou Galdino não foram os jovens, mas a própria sociedade representada pela escola. Ele, um educador que devotou sua vida para levar o saber a todos, foi traído pela ignorância, pelo desrespeito, pela falta de valorização da vida. Talvez tenha entrado em estado de choque ao ouvir que pensavam não se tratar de um "índio" e sim de um mendigo qualquer. Acho que todo educador teria que se sentir um pouco culpado. Não um culpado a ser condenado, mas um culpado a refletir sobre o valor que se dá à vida.

Os anos passaram-se, os jovens tiveram penas brandas e hoje estão livres para exercer sua profissão de fé no ser humano. Que fé será essa? O que poderão ensinar para todos nós? De qualquer modo, na época do acontecimento, refleti bastante sobre o fato. Também em mim havia uma dor que me fazia sofrer. Também em mim chorava o educador. Na ocasião cheguei a perguntar-me: Deve-se condená-los? Absolvê-los? Encarcerá-los? Talvez não. Eles são frutos de uma sociedade que despreza a vida, despreza o diferente, despreza o outro. Se fosse julgá-los, aplicaria a mesma pena "sugerida" pelo terapeuta Alberto Lima:

Se me fosse dada a tarefa de julgá-los, acho que eu os condenaria a ser críticos, responsáveis, sensatos, sensíveis. Eu os condenaria a ter misericórdia e consideração pelos seus semelhantes. Procuraria inscrevê-los em um curso de jardinagem, agri-

cultura e ecologia, outro de história e de antropologia, outro ainda de balé e um quarto de tricô. Com a jardinagem, a agricultura e a ecologia, eu os condenaria a dedicar-se à causa dos índios e à preservação, ao respeitoso aprimoramento e à divulgação da cultura indígena, sua arte, sua medicina. Com o curso de história e antropologia, eles poderiam se conscientizar do percurso da evolução humana, compreendendo-a e, quem sabe, podendo contribuir para sua evolução. Caso se tornassem professores, poderiam promover em seus alunos a consciência crítica que um dia lhes faltou. Com o curso de balé, eu os condenaria a conhecer e a desenvolver a harmonia dos movimentos e a colocar seus gestos a serviço da beleza, da cultura e da humanidade. Com o curso de tricô, certamente eles aprenderiam sobre a imensa importância de cada parte para a composição de um todo coeso, íntegro e harmonioso. E poderiam agasalhar os necessitados.

Alberto Lima

O povo indígena sempre achou que é responsabilidade nossa proteger a terra e tudo que tem nela. Nós achamos que somos responsáveis pelas coisas que acontecem. É por isso que somos assim. É um entendimento comum a todos os povos indígenas do mundo. Nós sabemos que quando precisamos de apoio e da solidariedade desses povos, eles vão estar junto da gente. Seria muito bom que vocês buscassem fazer algum tipo de amizade com o povo indígena. Existe uma vala entre o povo indígena e o povo da cidade, que possibilita essa ignorância do povo da cidade sobre o povo indígena, que resulta em violência, dizimação. Se nós diminuirmos essa distância, vocês vão ver o quanto é importante manter as regiões indígenas preservadas, porque esses lugares serão um acervo muito grande de vida para os seus filhos, para vocês mesmos. Vocês nem precisam se preocupar com as futuras gerações. Preocupem-se com vocês mesmos.

Ailton Krenak

O branco não sabe o que é a natureza, o que é o rio, o que são as árvores, o que é a montanha, o que é o mar... Em vez de você respeitar, destrói, corta pedaço, joga coisas, polui o mar, os rios. Você vai me dizer: o índio está falando mas é selvagem; selvagem é você, "milhões" de anos estudando e nunca aprendeu a ser civilizado. Pra que você está estudando? Para destruir a natureza e no fim destruir a própria vida?

José Luiz Xavante

OITO – Educação e valores humanos

Uma fábula para o novo milênio

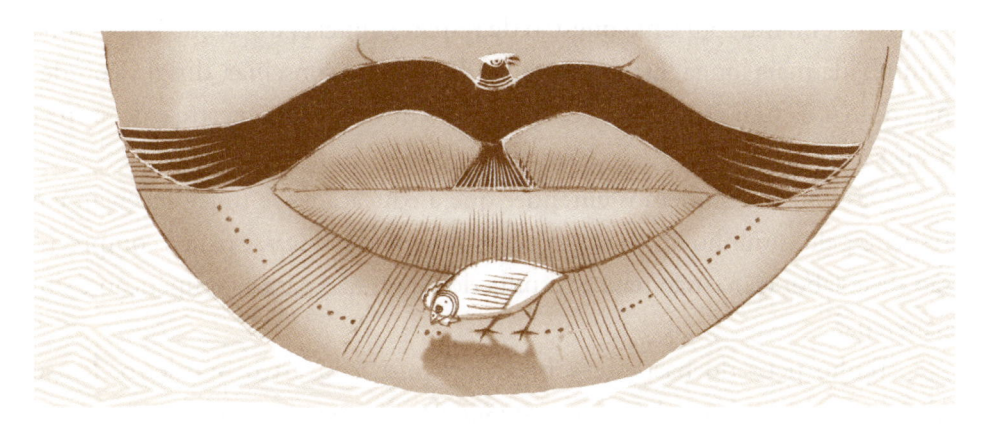

Uma pesquisadora foi a uma certa sociedade indígena fazer uma pesquisa. Queria saber o papel da mulher naquele povo, mas não obtivera muito sucesso até aquele momento. Numa determinada noite, no entanto, teve sua grande chance quando conseguiu que uma jovem lhe respondesse uma série de perguntas que ela, rapidamente, anotava em seu caderno de campo.

No dia seguinte, a pesquisadora quis confirmar as informações que havia recebido da moça. Aproximou-se dela quando a viu descascando mandioca junto com sua mãe e outras mulheres na casa de farinha. Mais que rapidamente puxou seu caderno e começou a repetir as perguntas que já havia formulado na noite anterior. A cada pergunta a jovem apenas respondia: "Não sei". Isso repetiu muitas vezes, até que a pesquisadora compreendeu que estava agindo de forma violenta com aquela moça. Ela compreendeu que as perguntas não deveriam ser dirigidas à jovem e sim à mãe dela.

Por que a pesquisadora não deveria ter-se dirigido à filha e sim à mãe? A resposta é muito simples: o conhecimento, na sociedade indígena, é dominado pelos mais velhos. Mesmo que uma pessoa saiba todas as coisas sobre seu povo, sobre sua tradição, se houver alguém mais velho presente naquele espaço, é de direito que ele responda o que foi perguntado.

Na sociedade indígena não existem especialistas absolutos. Todos sabem fazer tudo; todos sabem contar as histórias dos antepassados; todos sabem manipular os instrumentos da sobrevivência; todos sabem o que cura e o que mata. No entanto, por uma questão de respeito àquela pessoa que já tem uma caminhada mais longa, faculta-se-lhe o direito de aconselhar, dirigir, coordenar, opinar e curar as pessoas. A ela é dado o direito de ser mestre e de exercer a sua sabedoria.

Dessa forma, podemos entender que a educação que todos recebem é o respeito pelo caminho que o outro percorre. Assim, educa-se para a compreensão e a colaboração e não para a disputa do saber; não para a competição e sim para a paz.

Tenho pensado bastante sobre o processo educativo brasileiro. Penso nisso quando vejo os educadores se esgoelando e se estressando para praticarem sua profissão. Esse estresse acontece quando se sentem presos pela estrutura escolar, que não lhes permite alçar voos mais altos com seus alunos, ou desmotivados, pelo excesso de liberdade que as crianças têm hoje. Tudo isso é compreensível no atual contexto de nossa sociedade. No entanto, questiono-me sobre a educação que se recebe e a educação que se transmite.

O que entendemos por educação talvez não seja a mesma coisa que entendemos por ser humano. Creio que, às vezes, separamos demais estas duas realidades – educação e ser humano –, como se fossem entidades independentes. Olhamos as crianças como educandos e não como seres humanos. O aluno chegou à escola, já o ser humano ficou em casa; desejamos educar o aluno, não o ser humano: queremos disciplinar, passar conhecimentos, impor fórmulas etc. Enquanto fazemos isso, esquecemos que as pessoas possuem uma série de sentimentos, emoções, afetividades, sonhos e desejos e que tudo isso precisa ser motivado, amparado, trabalhado e, às vezes, educado a fim de que elas saibam lidar com tudo isso. Em outras palavras, é preciso aceitar que as pessoas possuem uma história de vida que nem sempre é muito fácil; mas, se somos educadores de verdade, precisamos ajudá-las a encontrar um caminho apropriado para o seu tipo de história. Sei que alguns dirão que não têm formação para isso, que não conseguem lidar direito com os próprios problemas, que não têm tempo, que são muitos os alunos etc. Porém, não se trata disso. Ao contrário, basta apenas exercitar um dom que todos nós possuímos: a liberdade.

Krishnamurti, educador indiano, afirma que o educador "que exige respeito dos seus alunos e quase nenhum respeito demonstra para com eles provoca-lhes o desrespeito e a indiferença. Quando não se considera a vida humana, o saber só pode levar à destruição e ao sofrimento". Isso confirma o que dissemos anteriormente a respeito da educação indígena e da obrigação de permitir que o outro seja ele mesmo. Para isso temos de exercitar o direito de ser livres.

Ao longo dos meus muitos anos de magistério, sempre ouvi queixas dos professores sobre os alunos: falta de educação, violência, pornografia, descaso, indisciplina etc. Era muito comum ouvir os professores falando do seu tempo de estudantes, em que os educadores tinham moral sobre eles e os obrigavam a estudar por meio de mecanismos eficazes de repressão. Funcionava mesmo? Somos felizes hoje, após nossa fase de formação? Somos livres? Ou são mais livres nossos educandos, que têm coragem de enfrentar o sistema manifestando sua insatisfação? Não terá sido, portanto, uma educação incorreta que levou a sociedade ao que vemos hoje?

Na educação correta está subentendido o cultivo da liberdade e da inteligência, o que não é possível se existe qualquer tipo de compulsão, com os temores que inspira. Em última análise, ao educador cumpre ajudar o aluno a compreender a complexidade de seu ser integral. Exigir que reprima uma parte de sua natureza, em benefício de uma outra qualquer, é criar nele um conflito interminável, de que resultam antagonismos sociais. É a inteligência que produz a ordem, não a disciplina.

Jiddu Krishnamurti

A liberdade é um "olhar além". Esse "olhar" imprime um modo de estar no mundo, um "sentir" além das aparências imediatas. É um enfeitiçamento da realidade tal qual nós a vemos e um "ir além". O que está por trás do respeito? É saber que a pessoa que nós respeitamos tem algo além de nós, é um ser que merece nossa reverência. Foi isso que ocorreu com a jovem indígena do começo deste capítulo. Ela tinha liberdade para falar, mas por uma questão de respeito ao caminho mais longo que a mãe fez, calou-se como forma de reverenciar o saber do mais velho. Ela não foi reprimida, não foi ameaçada, não foi humilhada na frente da pesquisadora. Ela simplesmente obedeceu a uma ordem de seu corpo e de sua mente e deixou que sua ancestralidade falasse pelo seu silêncio. Ou seja, ela aprendeu a ser livre pela liberdade das pessoas que a educaram.

A sociedade indígena, como já dissemos anteriormente, é de tradição oral. Oralidade não é apenas a palavra que sai da boca das pessoas. É uma coreografia que faz o corpo dançar. O corpo é a reverberação do som das palavras. A oralidade é a divindade que se torna carne. O narrador é o mestre da palavra. A palavra não volta sem cumprir sua missão. Da mesma forma que Cristo não retornou ao seu Pai sem cumprir a sua. Corpos físicos e espirituais dançam ao som das palavras, pela mágica que elas produzem. A chuva cai pela súplica; o fogo arde pela voz embargada das mãos; o vento traz notícias de longe, ao ouvir o chamado humano; a Terra é recriada pelo canto místico ancestral. A natureza é atraída, seduzida pela palavra.

Na tradição africana, a palavra também ganha este *status* de ter um espírito. "Ela tem o hálito, o elemento vital, que desaparece dela quando escrita" (Heloisa Prieto). Também essa tradição ancestral, formadora do povo brasileiro, é mediada pela palavra e as pessoas que dominam as histórias são consideradas baluartes da tradição.

Se observarmos atentamente, veremos que as pessoas gostam muito de ouvir histórias narradas, sem imagens. Quem domina essa arte – os contadores – são pessoas que amarram os ouvintes pelo suspense da narrativa, pelo bailar das palavras, pela emoção da voz. Histórias narradas têm o feitiço da imaginação, transportam para o alto, para cima. Aí reside a sua magia.

Costumo dizer que o educador tem de ser um feiticeiro da palavra. Rubem Alves ensinou-me a pensar assim, mas meu avô me mostrou isso na prática quando eu ainda era menino. Fez-me ver que o silêncio esconde uma sabedoria grandiloquente. Hoje, penso que os educadores têm problemas com seus educandos porque ainda não se convenceram de que são educadores e, portanto, poderosos. Poderosos não porque podem mandar, mas por serem detentores do maior instrumento que alguém pode ter: a palavra.

OITO – Educação e valores humanos

Meu avô me fazia vibrar quando contava as histórias dos antigos, dos ancestrais. Minha imaginação ia longe e eu me sentia privilegiado em pertencer a uma linhagem tão rica e tão antiga. Percebo que essa magia ainda existe quando olho o rosto das crianças para quem conto as minhas histórias. Todas elas fazem uma grande viagem junto comigo e percebem a riqueza da cultura indígena, tornando-se meus aliados e amigos. Os educadores têm de usar essa mesma "arma" para conquistar o coração dos alunos!

Como é possível ensinar valores para as crianças? Liberdade, respeito, silêncio apenas com o poder da palavra?

A resposta parece-me bem simples se observarmos como fazem as sociedades indígenas. Elas criam nas crianças a autoestima. Saber quem somos é o primeiro passo para o respeito ao outro, que nasce do respeito a si mesmo. Quem se respeita, respeita o outro. Quem é livre, quer que o outro também o seja. Quem para para ouvir as vozes do silêncio é capaz de ensinar o silêncio ao outro. Essa é a "palavra silenciosa". É a voz que reverbera dentro da gente.

Há algumas escolas que estão fazendo experiências interessantes com seus educandos a respeito disso. São escolas que colocam em prática os ensinamentos de um educador indiano chamado Sathya Sai Baba. Ele criou um método de educação fundamentado em valores humanos que, no Brasil, é divulgado pela Fundação Peirópolis. Nessas escolas, a prática usual é o olhar para o educando como um ser humano integral e não apenas como depositário de um conhecimento. Para isso é preciso incentivá-lo a mergulhar dentro de si mesmo e encontrar suas potencialidades. O índice de aprovação é de quase 100% e os vestibulandos costumam ir muito bem nas avaliações que fazem. Além disso, o índice de violência diminuiu muito e o da solidariedade atingiu o ápice. Tudo isso porque colocam em prática exercícios como relaxamento, meditação, ioga; ouvem palestras sobre outras tradições espirituais e praticam a solidariedade humana na própria comunidade escolar. Além, é claro, de terem todo o incentivo ao estudo das matérias curriculares normais. Vale dizer ainda que, embora seja um método criado na Índia, houve todo um processo de "brasilização" da proposta pedagógica para adequar-se à nossa realidade.

Queria lembrar também a bela experiência realizada na Casa Redonda, escola criada pela educadora Maria Amélia Pereira, que a idealizou como um local para o exercício da sensibilidade da criança. Ela a construiu focalizando o brincar como expressão dessa sensibilidade. Ali a criança é tratada como um modo próprio de ser no mundo. A pedagoga procura desenvolver a criança oferecendo a ela uma visão de pertencimento ao mundo e à sua cultura. Foi uma experiência muito gratificante conhecer este método de educar. Tem muito a ver com aquilo que a cultura indígena expressa no seu processo educativo: tratar a criança como criança, um ser brincante que forma seu olhar sobre o mundo a partir de sua vocação interna: os jogos e as brincadeiras.

Outra coisa importante a ser lembrada: não se deve ignorar os sonhos. Nem os nossos, nem os dos nossos alunos. Sonhar é a libertação de nosso espírito, é um exercício de liberdade. Os sonhos moram na gente, assim como os valores. Eles são a expressão das nossas potencialidades. Algumas vezes estão entalados dentro da gente, precisando apenas de alguém que os faça sair. Precisam de alguém com sabedoria suficiente para não serem sacrificados sem poder deixar a sua mensagem. Portanto, seja você o sábio que vai alimentar o sonho de seus alunos para que eles deixem a condição de galinhas e assumam, de uma vez por todas, a vocação de águias; assumam a própria história com o respeito à história das outras pessoas, com o conhecimento de sua realidade pessoal, com autoestima, com amor.

Para encerrar este capítulo, quero relembrar uma fábula que bem pode ser o modelo para a educação no novo milênio. Ela foi contada na África, mas poderia ser contada por um indígena brasileiro, o que teria o mesmo efeito. Foi magistralmente comentada por Leonardo Boff em um livro que indico nas referências bibliográficas e que vale a pena ser lido por todos os educadores.

Era uma vez um camponês que foi à floresta apanhar um pássaro para mantê-lo cativo em sua casa. Conseguiu pegar um filhote de águia. Colocou-o no galinheiro junto com as galinhas. Comia milho e ração própria para galinhas, embora a águia fosse o rei/rainha de todos os pássaros.

Depois de cinco anos, esse homem recebeu em sua casa a visita de um naturalista. Enquanto passeavam pelo jardim, disse o naturalista:

— Esse pássaro não é uma galinha. É uma águia.

— De fato – disse o camponês. – É águia. Mas eu a criei como galinha. Ela não é mais uma águia. Transformou-se em galinha como as outras, apesar das asas de quase três metros de envergadura.

— Não – retrucou o naturalista. – Ela é e sempre será uma águia. Pois tem um coração de águia. Esse coração a fará voar um dia às alturas.

— Não, não – insistiu o camponês. – Ela virou galinha e jamais voará como águia.

Então eles decidiram fazer uma prova. O naturalista tomou a águia, ergueu-a bem alto e desafiando-a disse:

— Já que você de fato é uma águia, já que você pertence ao céu e não à terra, então abra suas asas e voe!

A águia pousou sobre o braço estendido do naturalista. Olhava distraidamente ao redor. Viu as galinhas lá embaixo, ciscando grãos. E pulou para junto delas.

O camponês comentou:

— Eu lhe disse, ela virou uma simples galinha!

— Não – voltou a insistir o naturalista. – Ela é uma águia. E uma águia será sempre uma águia. Vamos experimentar novamente amanhã.

No dia seguinte, o naturalista subiu com a águia no telhado da casa. Sussurrou-lhe:

— Águia, já que você é uma águia, abra suas asas e voe!

Mas quando a águia viu as galinhas lá em baixo, ciscando no chão, pulou e foi para junto delas.

O camponês sorriu e voltou à carga:

— Eu lhe havia dito, ela virou galinha!

— Não – respondeu firmemente o naturalista. – Ela é águia, possuirá sempre um coração de águia. Vamos fazer ainda uma última tentativa. Amanhã a farei voar.

No dia seguinte, o naturalista e o camponês levantaram bem cedo. Pegaram a águia, levaram-na para fora da cidade, longe das casas dos homens, no alto de uma montanha. O sol nascente dourava os picos das montanhas.

O naturalista ergueu a águia para o alto e ordenou-lhe:

— Águia, já que você é uma águia, já que você pertence ao céu e não à terra, abra suas asas e voe!

A águia olhou ao redor. Tremia como se experimentasse nova vida. Mas não voou. Então o naturalista segurou-a firmemente, bem na direção do sol, para que seus olhos pudessem encher-se da claridade solar e da vastidão do horizonte.

Nesse momento, ela abriu suas potentes asas, grasnou com o típico kau-kau das águias e ergueu-se, soberana, sobre si mesma. E começou a voar para o alto, a voar cada vez mais alto. Voou, voou... até confundir-se com o azul do firmamento...

NOVE – Sobre piolhos e outros afagos

Conversa sobre o ato de educar(-se)

    Há uma pequena história que conta que um importante antropólogo, no início de sua carreira, estudava um grupo indígena brasileiro. Naquele tempo, na década de 1940, aquele povo havia sido recentemente contatado pelo governo e o estudioso decidira fazer uma pesquisa de campo para entender a forma daquele grupo conceber o universo, o cosmos e a vida.

    Um dia, sentado num tronco de árvore, absorto em suas anotações etnográficas, o pesquisador percebeu que ao seu lado havia um casal jovem. O moço estava deitado no colo de sua esposa, que o acariciava sutilmente, enquanto lhe tirava uns piolhos da cabeça, num ritual que chamou a atenção do cientista.

    A jovem mantinha uma postura muito fina, delicada e falava com desenvoltura ao ouvido do marido. Entre um estalar e outro de piolho nos dentes, a menina se abaixava e contava alguma coisa para o jovem que respondia apenas com alguns gemidos. De repente, a moça se vira para o pesquisador e pergunta-lhe de chofre:

    – Por que você está assim, tão triste?

    O pesquisador estranhou a pergunta, pois não tinha mostrado que estava triste, mas não teve como se esconder da pergunta.

    – Estou um pouco triste, sim, porque já faz muito tempo que estou longe de casa. Tenho saudades de minha esposa.

Aparentemente a moça não deu a mínima para a resposta e continuou com seu ritual de catação de piolho. Vez ou outra assoprava algumas palavras no ouvido do esposo.

Algum tempo depois ela voltou a perguntar ao pesquisador:

— Se você está triste, por que não volta para casa?

— Estou pesquisando. Não posso voltar ainda. Tenho que ficar mais um tempo aqui. Logo, logo, vou poder ir embora para matar a saudade de casa.

A moça voltou para sua tarefa e nada mais disse.

Depois de um tempo, vendo que o pesquisador continuava ali com suas anotações, a moça virou-se para ele e disse:

— Já que você está com saudade de casa, mas ainda vai ficar mais algum tempo entre nós, vou lhe dar um presente para levar para sua casa. Assim, quando você chegar lá, sua esposa vai ter o que fazer com você.

Dizendo isso, puxou três piolhinhos da cabeça do esposo e jogou-os na cabeça do atônito pesquisador que, assustado, não sabia como explicar o que estava acontecendo.

Na tradição do meu povo, há momentos muito especiais de demonstração pública de carinho. A mãe faz carinho no filho ou na filha no momento em que está pintando o corpo, no momento em que está fazendo limpeza pessoal, no momento em que está catando os piolhos de sua cabeça.

Também os jovens têm seus momentos de afagos públicos. Nestes momentos sociais em que estão se preparando para vivenciar os rituais, o corpo vira o lugar da manifestação do afeto e da espontaneidade. E ali também é possível observar como se dá o ato de educar.

Lembro que, quando menino, minha mãe me colocava em seu colo para tirar meus piolhos. Fazia isso de forma muito simples, sem muita preparação, sem que eu quisesse. Ela simplesmente me deitava em seu colo porque sabia que eu confiava em seu carinho. E o mais importante era que ela catava meus piolhos sem olhar para minha cabeça: suas mãos deslizavam sem rumo enquanto ela contava-me histórias, dava-me conselho, enfim, ensinava-me as coisas da tradição. Quase sempre eu dormia com aqueles afagos amorosos. Ela sempre me dizia que um bom contador de histórias tem que fazer quem ouve dormir. Essa era uma prova de que a história iria continuar no mundo dos sonhos.

NOVE – Sobre piolhos e outros afagos

Gravei isso com muita atenção e não pude deixar de perceber, com o passar dos anos, que ela tinha razão. Havia uma preocupação em transmitir conhecimento enquanto nos dava carinho. Era, portanto, uma educação que partia do afeto.

Isso é, para mim, muito sintomático quando o assunto é educação, pois fala de um modo muito peculiar da visão de um povo sobre sua concepção do ato educativo, ao mesmo tempo em que fala do processo de formação dos educadores.

Afinal de contas, o que é educar? É o mesmo que ensinar? É o mesmo que transmitir a tradição?

Acho que educar é como catar piolho na cabeça de criança. É preciso ter confiança, perseverança e um certo despojamento. É preciso, também, conquistar a confiança de quem se quer educar para fazê-lo deitar no colo e "ouvir histórias".

É claro que isso não é tão simples quando se trata de sociedades complexas em que a pessoa humana é tratada como um objeto ou como possível consumidor de produtos industrializados, em que ela tem de aprender determinadas regras para o convívio e para gerar novas demandas para alimentar o sistema. Para tanto, a instituição escolar cumpre esse papel de formação da mão de obra especializada e de propagação de uma ideologia que gera novas necessidades para alimentar o sistema em que ela está inserida.

É claro que isso vale em termos gerais para a instituição escolar que, a meu ver, é apenas uma retransmissora da tradição letrada do Ocidente, que faz crer que o domínio desse conteúdo pode transformar as condições sociais de seus "clientes", colocando-os numa situação privilegiada com relação aos "outros" que não a frequentam. Estuda-se para ser "alguém na vida". Dessa forma, os professores – que são os agentes desta ideologia – retransmitem o conhecimento acreditando estar fazendo o melhor para os jovens ou, por outro lado, estar cumprindo uma função social para diminuir a diferença social entre as pessoas.

Na prática, no entanto, esses educadores estão insatisfeitos ou inquietos com sua própria atuação diante da situação em que se encontram. Seja por conta das constantes mudanças na orientação teórica – ocasionadas pela troca de titulares nas pastas políticas –, seja pela dificuldade de cumprir sua tarefa de ensinar – ocasionada pela carga horária desumana a que estão submetidos –, os professores abrem mão do seu despojamento em nome da sobrevivência. Catar piolhos – que exige um certo abandono – acaba sendo trocado pelas fórmulas instantâneas de solução de problemas. Não é à toa que a maioria dos professores quer um jeito prático para aplicar as teorias que aprende. No nosso caso – o dos piolhos – também se pretende que acabe de forma imediata com esse inconveniente. Nesse sentido, ao se constatar a existência do piolho na cabeça das crianças, imediatamente se cobra – normalmente das mães – uma providência imediata e eficaz. Para tanto, existem três possibilidades:

a) Uso de química – uma verdadeira guerra contra o inimigo público que tira a tranquilidade de quem ensina. Usam-se os produtos químicos vendidos nas farmácias para eliminar de vez o indesejado (solução preconizada pelo Estado);

b) Cortar o mal pela raiz – radicaliza-se a solução e evita-se que o perigo se prolifere e/ou volte a ser uma ameaça. Neste caso, raspa-se a cabeça (solução mais comum para o pai);

c) Momento de paciência e de intimidade – aí se trata de deitar a criança no colo, não deixar ir para a escola e desdobrar-se em fazer "cafuné" num ritmo que vença os poderosos inimigos. Esta é a estratégia que as sociedades indígenas encontraram para exercer o ato educativo. Transformou uma necessidade num ato de educar.

É certo que a sociedade ocidental transformou-se numa grande máquina de consumo. Transformou a convivência humana numa permanente concorrência, deixando as pessoas à mercê do tempo. Tirou, portanto, o sentido da própria existência. Daí a crise que se instalou no seio do magistério, gerando uma série de posições contraditórias em sua prática pedagógica.

A sociedade indígena educa tendo uma concepção holística. Todos educam, todos são responsáveis pelas crianças, fato que impede que recaia sobre alguém – inclusive sobre os pais – o cuidado com elas.

Aos pais cabe o ensino prático: caçar, pescar, fazer o arco e a flecha, limpar o peixe, plantar, coletar frutas, fazer a casa, cuidar da casa. Esse ensino é técnico no sentido utilitarista. Ele serve para as crianças aprenderem coisas úteis, que lhes vão ajudar a sobreviver naquela sociedade. Esse ensino é feito por meio de métodos muito próprios, que levam em consideração o conhecimento

NOVE – Sobre piolhos e outros afagos

aprendido pelos pais e pelos adultos ao longo de suas vidas na aldeia. Uns passam a outros os valores que aprenderam em sua infância, criando uma cumplicidade entre si. É, portanto, uma educação que se dá pela repetição de valores e palavras que estão amarradas pela teia da tradição.

Já o caminho espiritual – outro componente importante, já que a concepção de ser humano contempla um conjunto de "seres" – cabe a algumas pessoas previamente preparadas para tanto. São elas os sábios tradicionais, cuja tarefa é dar sentido à existência, mostrando os valores que devem ser seguidos para que alguém seja humano por inteiro, seja livre por inteiro. São eles que dão uma significação fundamental para o ato humano de educar e o ato educativo de ser humano. E isso se fundamenta no fato de que os sábios são, antes de tudo, pessoas que tiveram uma educação formal – em se tratando da sociedade indígena – e viveram com intensidade sua própria vida.

O que pretendo dizer com isso é que aqueles que são mestres das coisas do espírito usaram o conhecimento que tiveram durante sua fase de formação e decidiram colocar seu saber a serviço de sua comunidade para então fundamentar o que as crianças dali aprendem de forma natural e formal.

Nesse sentido, minha reflexão sobre a formação de professores vai em direção da crítica a um sistema que cobra demais dos mestres sem oferecer a eles base suficiente para tornarem-se, de fato, pessoas capazes de refletir sobre suas próprias práticas pedagógicas. Refletir deveria ser um ato constante na busca da compreensão do estar no mundo. No entanto, devido às mudanças permanentes, os professores são quase obrigados a "engolir" novas teorias sem terem tempo para "ruminá-las", o que os tornaria cada vez melhores em seu exercício de ser educador, papel fundante do ser humano.

Volto, para concluir, ao ato de catar piolhos.

Penso que os professores deveriam ser "confessores dos próprios sonhos". Confessar sonhos é o desejo de influenciar pessoas a entrarem em si para aprenderem com as imagens que lá encontrarão. Ser confessor dos sonhos é partilhar sentidos. O sentido está em dar significado para sua permanência no mundo. É preciso confessar os sonhos para que os outros aprendam também a sonhar.

Catar piolhos tem que ser uma técnica pedagógica diária. Tem que ser praticada por todos, em todos os momentos. É uma forma de carinho público em quem a gente confia e para quem a gente sabe que irá continuar nossa longa tradição, seja no Ocidente ou em qualquer outra cultura.

E pouco importa se os piolhos são apenas imaginários!

DEZ – Quinhentos anos de quê?

Uma prece de esperança

Grande Criador, Grande Pai, Karu-Sakaibê, Tupã, Deus, não importa o nome que recebas em tantas tradições espirituais. Nesse momento me prostro diante da Tua grandeza e da grandeza da obra que criaste como manifestação da tua dignidade.

Nossos povos estão doentes!

Nossa Terra-lar está doente.

Há rastros de enfermidades por todo lugar e já não temos mais com quem contar, a quem apelar, pois os homens estão destruindo a própria casa.

Tu nos criaste iguais, parentes da nossa Mãe Terra.

Criaste os quatro ventos igualmente para todos.

Deste a Lua e o Sol para que todos pudessem admirar.

Bebemos as mesmas águas que fluem de dentro da terra: os oceanos.

Ao mesmo tempo nos criaste diferentes, assim como criaste os pássaros que, na sua vocação para as alturas, são todos diferentes entre si.

Tu nos colocaste – sem sabermos por quê – em lugares diferentes da Terra. Muitos povos não quiseram permanecer no lugar original e saíram em busca de aventuras, em busca de alimentos, em busca de paz. Outros permaneceram.

O banquete dos deuses

O mundo expandiu-se e as pessoas resolveram seus problemas criando mecanismos de sobrevivência, inventaram armas e, com elas, a destruição.

Por muito tempo vivemos assim, ao sabor da natureza, tirando o que ela podia nos dar até descobrirmos que ela podia ser domada como um bicho selvagem, e assim fizeram nossos primeiros pais. Respeitando o ciclo natural da vida, o Sol que nasce a cada dia, a Lua que ilumina a noite, as chuvas que mandavas do céu; respeitando o caminho da Mãe Terra, domesticamos animais, domesticamos o solo e ficamos felizes de poder parar em um lugar e nele permanecer por mais tempo, graças à sabedoria que nos deste.

Nossos avós nos falavam de Ti e a Ti cantávamos canções de gratidão, de amor, de paz. Ouvíamos nossos velhos contar a história de como criaste cada coisa, dando ao nosso povo o conhecimento para a sobrevivência física e espiritual. Por isso cantávamos, agradecendo-Te.

Crescíamos ouvindo o nosso irmão mais velho – o fogo – contar tudo sobre a origem do mundo, a Tua ação; esperávamos ansiosos a chegada do irmão vento para contar-nos Tuas histórias; sentávamos à beira d'água para ouvir nosso parente, o rio, a nos ensinar que a paciência era a lição que Tu nos passavas com mais frequência. Assim, aprendemos – observando e experimentando – a conhecer todos os ciclos da vida e da morte, acreditando que tudo o que criaste está vivo e possui uma alma, Teu sopro vital. Ensinaste-nos que todas as coisas estão ligadas numa rede invisível de relações em que cada ser vivo é responsável pelo seu fio.

Entre nós não havia privilegiados, Pai. Todos éramos iguais. Nossos chefes eram nossos amigos; nosso curador era nosso amigo. Ninguém tinha mais que ninguém e vivíamos felizes.

Assim vivíamos, Grande Pai, assim teimamos em viver. Mas os ventos que vinham do outro lado do oceano trouxeram notícias não muito agradáveis. Eles nos contaram que nossos parentes que viviam por lá cresceram, criaram aldeias gigantes, guerrearam entre si, não em busca de dignidade, de honra, mas à procura de riquezas, de benefícios para si mesmos. Eles não se entendiam muito bem.

Ficamos tristes ao saber – pelo irmão vento – que eles estavam chegando até nós. Ficamos tristes, mas não com medo. Nós queríamos nos encontrar com esses irmãos, mostrar a eles as riquezas de nossa sabedoria e aprender com eles a manipular o vento para conseguir atravessar os oceanos.

DEZ – Quinhentos anos de quê?

Eles chegaram, Pai, trazendo presentes. Disseram-nos que estavas com eles. Rezaram agradecendo sua viagem pelo irmão oceano. Ficamos felizes mesmo sabendo que, para eles, Tu tinhas outro nome. Não nos importamos muito com isso porque sempre soubemos que tens outros nomes. Deram-nos presentes e queriam ganhar presentes também. Pediram que carregássemos árvores para sua canoa de vento e o fizemos, agradecidos.

Um dia, porém, os presentes deles acabaram e passaram a forçar-nos a carregar nossa irmã árvore para a canoa. Não quisemos, Pai. Eles agrediram nossas mulheres, abusaram delas; mataram alguns velhos e crianças para demonstrar o poder sobre nosso povo. Alguns dos nossos fugiram e foram refugiar-se nos braços da floresta, enquanto outros foram obrigados a trabalhar como escravos. Como é possível, Pai, alguém trabalhar como escravo? Não entendemos isso. Tu nos criaste livres, gostamos de viver assim, mas aqueles homens achavam que podiam ser nossos donos. Eles aprenderam isso muito tarde. Nascemos livres e queremos morrer livres.

Esses homens não queriam trabalhar, Pai. Eles queriam que outros trabalhassem por eles. Por isso trouxeram homens de pele escura para trabalhar por eles. Deram um pouco de descanso para nós e passaram a maltratar um povo que também não falava a língua deles; povo forte, Pai. Depois aprendemos que Tu também estavas com eles sob outro nome e ficamos felizes por isso. A vida, porém, não foi fácil, Pai. Eles sofreram muito, choraram muito.

O tempo passou e aqueles primeiros homens morreram – como todos morrem –, mas deixaram filhos e estes tiveram outros filhos. Muitos deles eram filhos de nossas mulheres e cresceram como nossos amigos, nossos aliados, nossos heróis. Outros preferiam adotar o pensamento do poder e passaram a perseguir seus próprios parentes, escravizando-os, matando-os. É assim até hoje, Grande Espírito.

Acompanhamos o caminho deles. Muitos de nossos povos se esconderam na floresta e acompanhavam de longe o estrago que faziam, rasgando o coração de nossa Terra-lar, atrás de riquezas. Derrubaram nossas antigas irmãs árvores; sem se preocupar em informar a Ti, Grande Pai, o que eles estavam fazendo, sem dançar para os espíritos das árvores; eles sujaram os rios sem nada falar ao espírito da água; macularam o irmão ar com as fumaças de seus cavalos de ferro sem se preocupar se estavam ofendendo a Tua criação.

Muitas luas já se passaram desde a chegada deles. O rastro que deixaram é de dor e de sofrimento para muitos povos que sucumbiram pelo caminho. Tudo o que preservamos para Te agradar foi destruído num piscar do Teu próprio olho. Estamos tristes. Os filhos desta Terra estão tristes.

Tristes, mas não derrotados.

Tristes, mas não desesperados.

Continuamos a confiar em Ti, Grande Pai.

Contigo queremos fortalecer nossa esperança no futuro, porque continuamos a acreditar na bondade do novo povo que foi formado pelo desencontro desses mundos tão diferentes.

Queremos acreditar que o que hoje chamamos Brasil é formado pelo espírito de nossos antepassados.

Queremos acreditar que os filhos desta Terra-Brasil são nossos ancestrais que retornaram.

Queremos acreditar que são nossos aliados contra a injustiça e os filhos da morte.

Passaram-se mais de 500 anos, mas o que são? O que podemos dizer antes que nós desapareçamos todos da face da Terra?

Pedimos que sejam nossos aliados – a vida é o que vale.

Pedimos que parem e escutem outra vez os cantos da Criação e, com a mente e o coração, tentem responder.

Pedimos que respirem profundamente e cheirem o ar puro que ainda resta – e pensem. Saboreiem a comida e sintam o sabor da criação e sejam contentes.

Pedimos que toquem nossa Mãe Terra e pensem nos filhos dela, nossos parentes, e pensem em quantos desapareceram para sempre.

Pedimos que vejam a beleza do Criador em diversos tamanhos, cores, formas, desenhos, energias e maneiras dadas para todos nós.

Pedimos que deixem de impor leis humanas a nós e compreendam as leis naturais em suas próprias vidas.

Grande Pai, ajuda-nos a fazê-los compreender a realidade em que vivemos, assim como tentamos compreender a realidade em que vivem. Ajuda-nos a fazê-los entender que não somos inimigos, mas companheiros, admiradores da obra da Criação, que Tu fizeste para ser contemplada com o coração.

Grande Pai, ensina a eles as coisas que ensinaste a nós.

Ensina a eles que a Terra é sagrada.

Ensina a eles que a Terra é o nosso lar comum.

Ensina a eles que é preciso limpar a sujeira que cada um faz.

Ensina a eles que a Lua, nossa avó, é sagrada.

Ensina a eles a cuidar de suas crianças e de seus velhos – herdeiros de Tua mensagem.

Ensina a eles a se tornar povo novamente, para que possam receber Tua bênção criadora na sua forma original e com compreensão.

Ensina a eles a parar de brincar de criador. Diz a eles que isso vai fazer a terra passar mais rápido.

Ensina a eles a ensinar seus filhos e os que ainda irão nascer a sobreviver em nossa Terra-lar.

Grande Pai, continuamos a confiar na Tua presença e bondade. Ajuda-nos a manter a esperança.

Amém.

ONZE – Vozes da tradição

Anexos para fortalecer o espírito

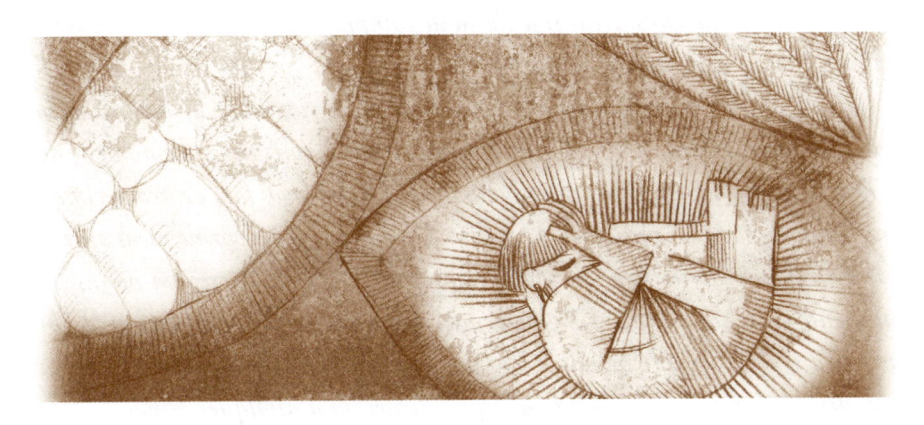

UMA DECLARAÇÃO DE AMOR À MÃE TERRA

Carta do chefe Seatlle ao presidente dos Estados Unidos, que teimava em querer comprar a terra do povo Duswamish, em 1854.

Como é que se pode comprar ou vender o céu, o calor da terra? Essa ideia nos parece estranha.

Se não possuímos o frescor do ar e o brilho da água, como é possível comprá-los?

Cada pedaço desta terra é sagrado para o meu povo. Cada ramo brilhante de um pinheiro, cada punhado de areia das praias, a penumbra na floresta densa, cada clareira e inseto a zumbir são sagrados na memória e experiência de meu povo. A seiva que percorre o corpo das árvores carrega consigo as lembranças do homem vermelho.

Os mortos do homem branco esquecem sua terra de origem quando vão caminhar entre as estrelas. Nossos mortos jamais esquecem esta bela terra, pois ela é a mãe do homem vermelho. Somos parte da terra e ela faz parte de nós. As flores perfumadas são nossas irmãs; o cervo, o cavalo, a grande águia são nossos irmãos.

O banquete dos deuses

Os picos rochosos, os sulcos úmidos nas campinas, o calor do corpo do potro e o homem – todos pertencem à mesma família.

Portanto, quando o Grande Chefe em Washington manda dizer que deseja comprar nossa terra, pede muito de nós. O Grande Chefe diz que nos reservará um lugar onde possamos viver satisfeitos. Ele será nosso pai e nós seremos seus filhos. Portanto, nós vamos considerar sua oferta de comprar nossa terra. Mas isso não será fácil. Essa terra é sagrada para nós.

Essa água brilhante que escorre nos riachos e nos rios não é apenas água, mas o sangue de nossos antepassados. Se lhe vendermos a terra, vocês devem lembrar-se de que ela é sagrada e que cada reflexo nas águas límpidas dos lagos fala de acontecimentos e lembranças da vida do meu povo. O murmúrio das águas é a voz de meus ancestrais.

Os rios são nossos irmãos, saciam nossa sede. Os rios carregam nossas canoas e alimentam nossas crianças. Se lhe vendermos nossa terra, vocês devem lembrar e ensinar a seus filhos que os rios são os nossos irmãos, e seus também. E, portanto, vocês devem dar aos rios a bondade que dedicariam a qualquer irmão.

Sabemos que o homem branco compreende nossos costumes. Uma porção da terra, para ele, tem o mesmo significado que qualquer outra, pois é um forasteiro que vem à noite e extrai da terra aquilo de que necessita. A terra não é a sua irmã, mas sua inimiga, e quando ele a conquista, prossegue seu caminho. Deixa para trás os túmulos de seus antepassados e não se incomoda. Rapta da terra aquilo que seria de seus filhos e não se importa. A sepultura de seu pai e os direitos de seus filhos são esquecidos. Trata sua mãe, a terra, e seu irmão, o céu, como coisas que possam ser compradas, saqueadas, vendidas como carneiros e enfeites coloridos. Seu apetite devorará a terra, deixando somente um deserto.

Eu não sei, nossos costumes são diferentes dos seus. A visão de suas cidades fere os olhos do homem vermelho. Talvez seja porque o homem vermelho é um homem selvagem e não compreenda.

Não há um lugar quieto nas cidades do homem branco. Nenhum lugar onde se possa ouvir o desabrochar de folhas na primavera ou o bater das asas de um inseto. Mas talvez seja porque sou selvagem e não compreendo. O ruído parece somente insultar os ouvidos. E o que resta da vida de um homem se ele não pode ouvir o choro solitário de uma ave ou o debate dos sapos ao redor de uma lagoa à noite? Eu sou um homem vermelho e não compreendo. O índio prefere o suave murmúrio do vento encrespando a face do lago e o próprio vento, limpo por uma chuva diurna ou perfumado pelos pinheiros.

ONZE – Vozes da tradição

O ar é precioso para o homem vermelho, pois todas as coisas compartilham o mesmo sopro – o animal, a árvore, o homem: todos compartilham o mesmo sopro. Parece que o homem branco não sente o ar que respira. Como um homem agonizante há vários dias, é insensível ao mau cheiro. Mas se vendermos nossa terra ao homem branco, ele deve lembrar que o ar é precioso para nós, que o ar compartilha seu espírito com a vida que mantém. O vento que deu a nosso avô seu primeiro inspirar também recebe seu último suspiro. Se lhes vendermos nossa terra, vocês devem mantê-la intacta e sagrada, como a um lugar onde até mesmo o homem branco possa ir saborear o vento açucarado pelas flores dos prados.

Portanto, vamos meditar sobre sua oferta de comprar nossa terra. Se decidirmos aceitar, imporei uma condição: o homem branco deve tratar os animais desta terra como seus irmãos.

Sou um selvagem e não compreendo nenhuma outra forma de agir. Vi um milhar de búfalos apodrecendo na planície, abandonados pelo homem branco que os alvejou de um trem ao passar. Sou um selvagem e não compreendo como é que o fumegante cavalo de ferro pode ser mais importante que o búfalo, que sacrificamos somente para permanecermos vivos.

O que é o homem sem os animais? Se todos os animais se fossem, o homem morreria de uma grande solidão de espírito. Pois o que ocorre com os animais, em breve acontece com o homem. Há uma ligação em tudo.

Vocês devem ensinar às suas crianças que o solo sob seus pés é a cinza de nossos avós. Para que respeitem a terra, digam a seus filhos que ela foi enriquecida com as vidas de nosso povo. Ensinem às suas crianças o que ensinamos às nossas, que a terra é nossa mãe. Tudo o que acontecer à terra acontecerá aos filhos da terra. Se os homens cospem no solo, estão cuspindo em si mesmos.

Isto sabemos: a terra não pertence ao homem, o homem pertence à terra. Isto sabemos: todas as coisas estão ligadas como sangue que une uma família. Há uma ligação em tudo.

O que ocorrer com a terra recairá sobre os filhos da terra. O homem não tramou o tecido da vida; ele é simplesmente um de seus fios. Tudo o que fizer ao tecido, fará a si mesmo.

Mesmo o homem branco, cujo Deus caminha e fala com ele de amigo para amigo, não pode estar isento do destino comum. É possível que sejamos irmãos, apesar de tudo. Veremos. De uma coisa estamos certos – e o homem branco poderá vir a descobrir um dia: nosso Deus é o mesmo. Vocês podem pensar que o possuem, como desejam possuir nossa terra, mas não é possível. Ele é o Deus do Homem e sua compaixão é igual para o homem vermelho e para o homem branco. A terra é preciosa para ele e feri-la é desprezar seu criador. Os brancos também passarão, talvez mais cedo que todos os outros povos. Contaminem suas camas e uma noite serão sufocados pelos próprios dejetos.

Mas quando de sua desaparição, vocês brilharão intensamente, iluminados pela força do Deus que os trouxe a essa terra e, por alguma razão especial, deu-lhes o domínio sobre a terra e sobre o homem vermelho. Esse destino é um mistério para nós, pois não compreendemos que todos os búfalos sejam exterminados, os cavalos bravios sejam todos domados, os recantos secretos da floresta densa, impregnados do cheiro de muitos homens e a visão dos morros, obstruída por fios que falam. Onde está o arvoredo? Desapareceu. Onde está a águia? Desapareceu. É o final da vida e o início da sobrevivência.

Manifesto ecológico dos índios do Arizona

Este texto foi elaborado por Harvey Lloyd, indígena Hopi do Arizona.
Ele faz lembrar a célebre carta do chefe Seatle, mas dele se diferencia por sua preocupação com a vida moderna, a educação, a tecnologia. É um texto atual que procura salvaguardar a cultura e os ideais indígenas dentro do país mais desenvolvido do mundo.

O espírito do povo de mil anos atrás ainda está aqui.
A terra, colinas e montanhas têm vida dentro de si.
O chão onde pisamos tem vida dentro de si.
Todas as nações chamam a terra de Mãe Natureza.
Nossos antepassados nos ensinaram a respeitar a terra, a tomar conta dela. Em troca, ela tomará conta de nós.
Nossas forças derivam da terra.
Estamos muito perto da lua.
Muito perto do sol.
Estamos muito perto da terra, da feminilidade da Mãe Terra.
Quando pensamos a respeito dessas coisas, nos tornamos parte delas e elas se tornam parte de nós.

ONZE – Vozes da tradição

Oramos para a terra, oramos para o céu, as nuvens, a chuva e a relva porque acreditamos que todas as coisas têm espírito. Até as pedras têm vida.

Antes de sair para caçar, a coisa mais importante a fazer é rezar para a Mãe Natureza, para o céu e, então, para o animal. Depois, chorar um pouco e pedir à Mãe Natureza que nos forneça alguma carne. Quando entrar na floresta, você tem de ser o gamo a ser caçado.

Aqui, necessitamos de chuva. É para ela que rezamos. É por isso que dançamos. Quando sair em busca de comida, temos de agradecer por essas coisas estarem nas colinas, plantadas pelo Criador.

As montanhas têm espírito. As montanhas são sagradas. Lá há paz e fé.

As nuvens que as circundam são atraídas por elas. Há vida lá em cima.

Devemos adorar a terra, as estrelas e o céu, pois eles têm espírito.

São os poderosos espíritos que nos guiam, que nos ajudam a sobreviver.

Muito conhecimento deriva da família. Ainda tentamos perpetuar esta tradição. Eu, por exemplo, tento perpetuar as tradições do meu clã.

O clã que vive ao nosso redor, que está aqui para proteger a minha família. Eu perpetuo e levo adiante essa tradição. Ainda sou um guerreiro.

Sou um guerreiro porque reivindico por meu povo e falo em seu nome.

Rogamos por nossas crianças como rogamos pelas árvores.

Uma coisa que minha avó me ensinou é que, sem família, não somos nada. Ela me ensinou a proteger toda a minha família. E não é muito fácil hoje em dia ensinar isso para gente mais jovem. Não sei se minha filha mais velha me defenderá quando eu precisar dela, como agora eu defendo minha mãe.

As famílias são muito importantes. Caso não existissem, haveria muita gente perdida. Sinto-me um pouco perdido. Quando desejo encontrar a minha identidade, geralmente tenho de ir a um museu para ver como as coisas eram quando meus pais eram jovens. Nascemos com esse espírito, mas é nossa responsabilidade desenvolvê-lo de modo que tenhamos orgulho de dizer: "Sou um Hopi" ou "Sou um Navajo". É uma tradição. Uma linguagem. Uma identidade.

Também estamos envolvidos com o mundo animal, com o mundo vegetal e o cosmos. A lição fundamental é que devemos compreender isso e viver em harmonia com a terra e todas as coisas que a habitam. É uma crença simples. É isso que faz os Hopi serem fortes.

Tarde da noite. Começam os cânticos.

E cantamos a respeito do vento, das nuvens e das chuvas que alimentam o povo.

Quando morremos, vamos para o Ocidente, vamos para a luz.

É um lugar poderoso para começar e um lugar muito poderoso para terminar nossa existência. A terra tem vida. A terra respira. A terra pode falar.

Certo dia, olhando as nuvens, vimos uma dançarina de longos cabelos.

Em primeiro lugar, somos artistas porque queremos criar. Depois, porque somos índios. Exprimimos nossa cultura dessa forma.

A arte que vemos nos índios é a espiritualidade, agradecendo ao criador tudo aquilo que ele fez.

Haverá estradas no céu. Usaremos caixas com rodas para nos locomover.

Essas eram as coisas que profetizávamos quando éramos jovens. E pensávamos: como seria lá em cima, onde as estradas seriam construídas? E aí estão elas, hoje. Pessoas lá em cima, voando como pássaros.

Hoje reivindicamos muitas coisas como se fossem nossas.

A terra não é nossa.

A vida não é nossa.

A língua não é nossa.

Alguém criou isso tudo.

Quando fomos para a escola, o intérprete disse: "Esqueçam sua língua hualapai. Esqueçam a comida indígena. Esqueçam suas histórias, os nomes das montanhas e rios. Acima de tudo esqueçam sua língua. Falem apenas em inglês."

Entretanto, mantemos os princípios de nossa tradição em nossos corações. É algo que nos dá muito orgulho dizer: "Aqui está algo que nos pertence. Eis aí a minha língua, assim foi escrito, é isso que significa."

Passamos maus momentos na escola. Queríamos aprender a respeito das cobras e lagartos e tartarugas. Então descobrimos que estávamos envolvidos em dois mundos diferentes. Tivemos muito trabalho ao tentar ajustar-nos a esses dois mundos, tentando misturá-los. Não se pode aprender alguma coisa sem abrir mão de outra. Há muita gente criativa na reserva. Eles estão em uma situação paradoxal. Aderem aos valores de seus avós para estar de acordo consigo mesmos e com o meio ambiente. Mas, quando se trata de conseguir um emprego, não estão qualificados para tanto.

Esse sistema de valores segue em uma direção e os outros valores vêm na dire-

ção oposta. Devemos dizer aos jovens indígenas que há um lugar intermediário. Nem tanto para cá, mas exatamente no meio, entre pares opostos.

Sou índio

Vi muitas pessoas se postarem diante de mim, um índio, e ficarem horas a olhar-me. Além de me lançarem uma série de perguntas, entre elas, se não existe mais índio "brabo".

Penso comigo: O que estarão eles pensando? Esforço-me para penetrar em seus pensamentos. Afinal, um descendente de índios selvagens, descendentes de seres mitológicos, índios, está postado diante deles, de calças, camisas e sapatos. Nesse momento, a imaginação desse povo simples voa pelo mundo da fantasia.

Como será que vive? O que come? Será descendente de comedores de gente? Terá ele provado alguma carne humana? Tem ele algum sentimento humano de amor e compaixão?

Enfim, percebo que as interpretações e comparações que nos fazem não passam da categoria de [considerar-nos] animais exóticos que habitam a selva. Tenho vontade de fazê-los compreender meu mundo, assim como cheguei a compreender o mundo deles.

Gostaria de dizer-lhes que faço parte de uma sociedade que possui normas de vivência harmônica entre os homens e a natureza. Gostaria de dizer-lhes que possuímos nossos valores sociais, políticos, econômicos, culturais e religiosos, que adquirimos através dos tempos, de geração em geração.

Gostaria de dizer-lhes que formamos um mundo equilibrado e justo de relações humanas. Dizer que, como humanos, estamos sujeitos a falhas, erros. Dizer que nossos sentimentos mais íntimos são exteriorizados por meio da arte, da língua, da nossa religião, das festas acompanhadas de ritos e cerimônias.

Dizer que conseguimos nossa experiência diante da vida e do universo. Dizer que conseguimos chegar a um equilibrado mundo prenhe de valores, que transmitimos aos nossos filhos, o que, em outras palavras mais compreensíveis, é sinônimo de educação.

Gostaria de dizer-lhes também que tudo isso vem sendo deturpado, desrespeitado e destruído. Dizer que estamos despertando para uma nova realidade. Estamos percebendo que todas as tentativas estão sendo feitas para acabar com os nossos princípios constituídos.

O banquete dos deuses

Dizer que um dos nossos objetivos fundamentais é levar às nossas comunidades o conhecimento dessa realidade que nos rodeia. Do interesse em perpetuar nossos valores morais e culturais.

Dizer que estamos prontos para receber o que de útil a sociedade deles nos oferece e rechaçar o que de ruim ela nos apresenta. Mas a cegueira etnocêntrica não permite esse diálogo franco e sincero.

Daniel Matenho Cabixi, índio paresi/MT.

ONZE – Vozes da tradição

Invocação dos Índios Sioux

Ó Grande Espírito,
Tua voz eu escuto
No soprar dos ventos.
Tua vida eu sinto palpitar
No Teu universo imenso.

Escute-me! A Ti eu venho
Como um dos Teus filhos.

Sou pequeno e fraco.
Confio na Tua força e
Na tua sabedoria!

Peço-Te que me transformes em beleza
E que meus olhos não cessem de contemplar
O rastro vermelho do pôr do sol.
Que minhas mãos tratem com dignidade
Tudo o que criaste
E que meus ouvidos
Estejam atentos à Tua voz.

Dá-me sabedoria,
Para que eu possa compreender
Tudo o que ensinaste ao meu povo,
E a verdade que escondeste nas folhas
E nas cavidades das pedras.

Com gratidão,
Mãos puras e olhar sincero,
Possa minha vida se apagar
Na Tua presença
Como o Sol se põe!

Bibliografia comentada

Há alguns estudos que falam sobre a imagem do índio nos livros didáticos e que podem servir de referência para quem deseja se aprofundar no tema, uma vez que pretendi apenas trazê-lo ao debate.

Capítulo 2
SILVA, Aracy Lopes da; GRUPIONI, Luís Donisete Benzi (Orgs.). *A temática indígena na escola*: novos subsídios para professores de 1º e 2º graus. 4ª ed. São Paulo: Global; Brasília: MEC/Mari/Unesco, 2008.
Este é um livro indispensável para educadores que querem ter importantes informações sobre a temática indígena atual. São artigos escritos por especialistas das mais diversas áreas de conhecimento, sobre vários aspectos das sociedades indígenas. Destaque para o artigo de Luís Donisete Benzi Grupioni, que trata dos livros didáticos e da imagem indígena neles construída.

TELLES, Norma. A imagem do índio no livro didático: equivocada, enganadora. In: SILVA, Aracy Lopes da (Org.). *A questão indígena na escola*. São Paulo: Brasiliense, 1993.
Neste texto, Telles faz uma análise minuciosa da imagem do índio apresentada nos livros escolares.

GAMBINI, Roberto. *O espelho índio*: os jesuítas e a destruição da alma indígena. Rio de Janeiro: Espaço e Tempo, 1988.
Este livro faz uma leitura das cartas enviadas por jesuítas no início do século XVI. Nele está contida a visão que esses religiosos trouxeram ao Brasil quando aqui chegaram para "evangelizar" os nativos. Partindo destas cartas, o autor – um psicólogo junguiano –

traça o perfil dos jesuítas, mostrando a predisposição deles em destruir a alma indígena por meio da indiferença às crenças e à cultura dos nativos brasileiros.

MUNDURUKU, Daniel. *Histórias de índio*. São Paulo: Companhia das Letrinhas, 1996.

Este livro está dividido em três partes: a primeira é sobre a formação de uma criança escolhida para ser pajé; a segunda traz crônicas e depoimentos que contam fatos ocorridos com o autor na cidade; a terceira apresenta dados sobre os povos indígenas brasileiros.

Capítulo 3

MCLUHAN, T.C. (Org.). *Pés nus sobre a terra sagrada*: um impressionante auto-retrato dos índios americanos. Porto Alegre: L&PM, 1994.

Trata-se de um livro em que a fala dos índios americanos está assegurada. Há belíssimos discursos proferidos pelos grandes líderes americanos de todos os tempos, muitos deles com destacado papel na criação de uma literatura nativa norte-americana. Vale a pena ler esta obra, pois ela vem confirmar aquilo sobre o que acabamos de conversar.

GONÇALVES, Marco Antonio. *O significado do nome*: cosmologia e nominação entre os Pirahã. Rio de Janeiro: 7Letras, 1993.

Este livro é resultado da pesquisa de campo feita pelo autor, antropólogo que trabalha na UFRJ. Faz um belo passeio pela cultura desse povo, tão pouco conhecido que já foi, outrora, senhor absoluto do rio Madeira. Sendo uma obra etnológica, traz dados que à primeira vista nada dizem ao leitor comum, mas que possibilitam a compreensão desse povo.

Capítulo 4

PREZIA, Benedito; HOORNAERT, Eduardo. *Esta terra tinha dono*: história indígena do Brasil contada por um índio. São Paulo: FTD, 1995.

Considero este livro o mais completo documento sobre a história dos povos indígenas brasileiros. Escrito para ser um livro didático de ensino fundamental, assenta-se no que há de mais moderno e atual nas pesquisas sobre os povos indígenas. Em linguagem simples e direta, mostra um painel da história brasileira a partir da ótica indígena.

JECUPÉ, Kaká Werá. *A terra dos mil povos*: história indígena do Brasil contada por um índio. São Paulo: Fundação Peirópolis, 1998.

O autor deste livro é um índio Txucarramãe criado entre os Guarani de São Paulo. Após todo um aprendizado e iniciações, ele desenvolveu um texto sobre as tradições espirituais indígenas desde tempos imemoriais. É uma obra poética e precisa ser lida por quem quer conhecer melhor a alma indígena.

DOZE – Bibliografia comentada

SILVA, Aracy Lopes da; GRUPIONI, Luís Donisete Benzi (Orgs.). *A temática indígena na escola*: novos subsídios para professores de 1º e 2º graus. 4ª ed. São Paulo: Global; Brasília: MEC/Mari/Unesco, 2008.

CUNHA, Manuela Carneiro da (Org.). *História dos índios no Brasil*. São Paulo: Companhia das Letras, 1998.
Este livro foi escrito para um público mais especializado e familiarizado com a temática indígena ou com conceitos antropológicos e arqueológicos. Organizado por regiões brasileiras, apresenta um estudo sobre a classificação linguística e a pré-história dos povos pré-colombianos, além de muitos outros temas oportunos para quem deseja se aprofundar no tema.

500 anos: olhando o passado para construir o futuro. *Mensageiro*, Belém, n. 71, set./out. 1991.
Este trabalho realizado pelo Conselho Indigenista Missionário é um número especial da revista *Mensageiro*, editada em Belém do Pará. A intenção é lançar algumas luzes na temática dos 500 anos do descobrimento, mostrando toda a diversidade existente no Brasil e as histórias subjacentes a esse período, como os massacres sofridos pelos grupos indígenas no início da colonização, na catequização, na organização política indígena atual e nas novas formas de resistência aos povos indígenas. Escrito numa linguagem solta, facilita a compreensão e fornece um bom material de consulta.

Capítulo 5
FERNANDES, Joana. *Índio*: esse nosso desconhecido. Cuiabá: UFMT, 1993.
Este livro apresenta vários capítulos interessantes sobre as várias facetas das sociedades indígenas. O capítulo sete é dedicado ao tema do xamanismo e dos processos de cura levados a efeito nas comunidades. Traz dados interessantes e relevantes para o aprofundamento do tema.

LÉVI-STRAUSS, Claude. *Antropologia estrutural*. Rio de Janeiro: Tempo Brasileiro, 1991.
Lévi-Strauss é o pai do estruturalismo antropológico, uma escola de pensamento que se funda no estudo da estrutura social e dos seus mecanismos simbólicos. Nesta obra, ele faz um passeio entre vários aspectos das sociedades indígenas, dando ênfase à magia e à religião. É para pessoas familiarizadas com o tema.

CLASTRES, Hélène. *Terra sem mal*: o profetismo Tupi-guarani. São Paulo: Brasiliense, 1978.
Este livro traz informações precisas sobre o tema que abordamos no capítulo. A autora oferece aos leitores a concepção dos povos de língua tupi-guarani sobre morte, busca de sentido e da realização pessoal. É um verdadeiro poema. Vale a pena ler.

MUNDURUKU, Daniel. *Coisas de índios*. São Paulo: Callis, 2000.

Capítulo 6
LARAIA, Roque de Barros. *Tupi:* índios do Brasil atual. São Paulo: FFLCH--USP, 1986.
Este livro foi escrito para fazer um balanço sobre a situação dos povos de língua tupi no Brasil. Traz um apanhado feito por um dos maiores antropólogos brasileiros. Para quem deseja ter uma noção mais clara sobre o que há de comum nesses grupos, é uma boa referência.

SILVA, Aracy Lopes da; GRUPIONI, Luís Donisete Benzi (Orgs.). *A temática indígena na escola*: novos subisídios para professores de 1º e 2º graus. 4ª ed. São Paulo: Global; Brasília: MEC/Mari/Unesco, 2008.

MUNDURUKU, Daniel. *Histórias de índio*. São Paulo: Companhia das Letrinhas, 1996.

Capítulo 7
KRENAK, Ailton. In: Tassara, E.T.O.; BISILLIAT, M. (Orgs.). *O índio*: ontem, hoje, amanhã – *dossiê do I ciclo*. São Paulo: Memorial da América Latina/Edusp, 1991.
Esta obra é resultado de um ciclo de conferências realizado no Memorial da América Latina. Vários especialistas e índios debatem e refletem sobre o papel das sociedades indígenas no atual contexto brasileiro.

LIMA, Alberto. *Brincadeiras selvagens*: problema nosso. São Paulo: Oficina de Textos, 1997.
Este livro tem como subtítulo: "Diálogos com pais de adolescentes". Seu autor começou a escrevê-lo por ocasião do assassinato do pataxó Galdino. Com textos ágeis e bem dosados, o autor reflete sobre temas atuais e procura analisar aspectos interessantes do comportamento juvenil.

IOKOI, Hilda Márcia Grícoli (Coord.) ZENUN, Katsue Hamada e; ADISSI, Valeria Maria Alves. *Ser índio hoje*. São Paulo: Loyola, 1998.

Este é um livro feito para alunos do ensino fundamental. Trata da sociedade indígena de maneira bem ampla, dando ênfase à questão da terra e dos conflitos que dela provém. Vale a pena ler.

COMISSÃO PRÓ-ÍNDIO/SP. *Índios*: direitos históricos. São Paulo: 1982.
Registro dos movimentos para a formação de entidades indígenas nos anos 1980. Apresenta debates sobre temas como direitos, terra e autonomia. Para mais informações visite o site: www.cpisp.org.br

Capítulo 8

KRISHNAMURTI, J. *A educação e o significado da vida*. São Paulo: Cultrix, 1993.

Este livro apresenta reflexões feitas pelo autor durante conferências e palestras realizadas para professores e alunos. A tônica delas é a educação para a vida e não um conhecimento que fica intocado no livros e salas de aula. São dicas preciosas para o dia a dia dos educadores.

PRIETO, Heloisa. *Quer ouvir uma história?*: lendas e mitos no mundo da criança. São Paulo: Angra, 1999.

Este é o primeiro livro da coleção *Jovem Século 21* que está sendo organizada pela autora. A ideia dessa coleção é proporcionar um diálogo com pais e educadores, orientando-os para um novo olhar sobre aquilo que instiga a imaginação dos jovens no início do século XXI. Neste livro, a autora consegue atingir primorosamente esse objetivo.

CRUZ, Maria Cristina Meirelles Toledo. *Para uma educação da sensibilidade*: a experiência da Casa Redonda Centro de Estudos. São Paulo, 2006. Dissertação (mestrado) – Escola de Comunicações e Artes/Universidade de São Paulo. Disponível em: www.teses.usp.br.

ALVES, Rubem. *Conversas com quem gosta de ensinar*. São Paulo: Ars Poética/Speculum, 1995.

Este é um livro clássico de Rubem Alves. O autor desenvolve diálogos com os educadores, fazendo-os refletir sobre sua própria condição de formadores de opinião e comportamento.

MARTINELLI, Marilu. *Conversas sobre educação em valores humanos*. São Paulo: Fundação Peirópolis, 1999.

Marilu é a principal expoente da doutrina pedagógica de Sathya Sai Baba no Brasil. Escreveu este livro como um pequeno manual com os conceitos básicos que norteiam a proposta da Educação em Valores Humanos.

Para mais informações visite o site da Fundação Peirópolis: www.peiropolis.org.br

BOFF, Leonardo. *A águia e a galinha*: uma metáfora da condição humana. Petrópolis: Vozes, 1998.

Trata-se de um livro lindíssimo que nos lembra nossa vocação para as alturas. Ele parte da fábula descrita neste capítulo para, em seguida, fazer uma belíssima leitura da condição humana, levando-nos à reflexão e à tomada de uma nova posição na vida. Um clássico para educadores.

Daniel é índio do povo Munduruku. É graduado em Filosofia, com licenciatura em História e Psicologia, é mestre e doutor em Educação pela Universidade de São Paulo (USP) e pós-doutor em Linguística pela Universidade Federal de São Carlos. Autor de vários livros para crianças e jovens, muitos deles já premiados no Brasil e no exterior, foi professor da rede estadual e particular de ensino e atuou como educador social de rua pela Pastoral do Menor de São Paulo. A convite, esteve na Europa participando de conferências sobre a cultura indígena e de oficinas culturais.

É casado com Tania Mara, com quem tem três filhos, Gabriela, Lucas e Beatriz.